MONUMENT ESTHÉMATIQUE DU XIX° SIÈCLE

Les Modes de Paris

VARIATIONS DU GOÛT ET DE L'ESTHÉTIQUE DE LA FEMME

1797-1897

PAR

OCTAVE UZANNE

Illustrations originales de François Courboin

Dans le Texte et Hors Texte

D'APRÈS DES DOCUMENTS INÉDITS

I0123877

PARIS

Société française d'Éditions d'Art

T. HENRY MAY, Éditeur

9 ET 11, RUE SAINT-BENOIST

1898

Les Modes de Paris

« Une mode détruit à peine une autre mode, qu'elle est abolie
par une autre plus nouvelle, qui cède elle-même à celle qui la
suit et qui ne sera pas la dernière... Telle est notre légèreté !

LABRUYÈRE

La Mode est la Déesse des apparences.

COLTON

Une mode ancienne demeure une curiosité ;
Une mode passée depuis peu devient un ridicule ;
Une mode régnante qu'anime la vie nous semble la grâce même.

O. U.

IL A ÉTÉ TIRÉ DE CET OUVRAGE

Mille exemplaires sur vélin spécial. Tous numérotés à la presse de 1 à 1000.

Quatre-vingt dix exemplaires sur japon impérial. avec double suite de cent planches hors texte, avant le coloris, numérotés de XI à C.

Dix exemplaires sur japon. ILLUSTRÉ D'UNE AQUARELLE ORIGINALE ET SPÉCIALE A CHAQUE EXEMPLAIRE par François Courboin et enrichis de **Dix des Dessins originaux hors texte** et de vingt-deux des croquis originaux du texte, pris dans chacune des Dix séries, numérotés de I à X.

N° _ 8.0.7

FRANÇOIS COURBOIN

LA MODE ET LES MODES DE PARIS

E SERAIT une œuvre considérable, un travail d'érudit tel qu'il en exista dans les monastères du xvie siècle, que de dresser une bibliographie complète, alors même que sommaire, des ouvrages consacrés aux costumes et aux variations constantes de la Mode à toutes les époques et dans toutes les contrées du monde ; ce serait en raccourci une façon de *Dictionnaire des sources* pour servir à l'*Histoire générale de l'Humanité*.

On y verrait, non sans étonnement, que les esprits les plus sérieux, les intelligences les plus nobles et les moins frivoles, souvent même les religieux les plus austères, se sont passionnés pour cette sorte de chasse aux papillonnages de la Mode à travers les temps et les latitudes.

Rien n'est en effet à la fois aussi curieusement évocateur, aussi typique et pittoresque, mieux en concordance avec le caractère, l'esprit et la morale d'un peuple ou d'une époque déterminée que l'expression dominante du costume et le luxe diversement coloré des ajustements.

L'art du vêtement possède des lois générales qui intéressent la ligne, la couleur et l'expression harmonieuse d'un ensemble ; il exalte ou modifie la beauté, il trompe parfois notre esthétique et pervertit notre goût. Son influence se répand de toute part, en littérature, en peinture. Dans la statuaire, dans les idées, dans le langage et même dans l'économie politique d'une nation. — La science et la médecine ne peuvent demeurer indifférentes aux questions du costume, et loin d'être un sujet d'observation futile, le vêtement et la parure sont, comme le remarqua Charles Blanc, une indication morale sérieuse pour le philosophe et un signe très accusé des idées régnantes.

De plus, le constant changement des modes est une nécessité, car c'est, selon Chamfort, l'impôt le plus naturel que l'industrie du pauvre puisse mettre sur la vanité du riche. La bizarrerie de la Mode, loin d'être un préservatif pour s'en garantir, sinon un remède pour en guérir, devient une obsession à laquelle nul n'échappe. Il en est de ses caprices comme de ceux des femmes; l'inconvénient qui devrait en éloigner est précisément l'attrait qui y ramène. — Dans leur jeunesse, les hommes adorent la Mode, dans leur vieillesse les peuples se livrent tout à elle. Les nations civilisées sont comme les femmes sensibles ou les courtisanes dont la coquetterie augmente et s'affine avec l'âge.

Plus l'esprit s'éclaire, plus le goût se perfectionne, dit un moraliste. La finesse des perceptions engendre la mobilité des sentiments et l'extrême délicatesse de l'esthétique fait naître inévitablement la névrose de l'inconstance et conduit à l'empire fatal de la Mode, de cette Mode qui, selon Balzac, n'a jamais été que l'opinion en matière de costume.

Les livres sur les Modes seront donc éternellement recherchés et accueillis avec une faveur incomparable en tous milieux, par la raison qu'ils récréent, qu'ils instruisent et que chacun se juge capable de s'y complaire, de les comprendre et de les interpréter. Ils piquent la curiosité générale; les femmes y retrouvent comme l'histoire de leur drapeau, de leur corporation, de leur mobilité; les hommes essaient d'y évoquer le souvenir de séductions défuntes, et leur mélancolie s'égare dans ces lointains de grâces à jamais évanouies; les enfants eux-mêmes ouvrent leurs grands yeux d'aurore sur ces ombres amusantes encore fardées des couleurs de la vie, et ce sont, pour les aïeules, des retours vers le jeune âge, comme une reprise de sensations passionnelles, le mirage d'un passé qui apparaît tout à coup en lumière dans cette lanterne magique de l'estampe enluminée.

Pour ne considérer que la France, qui, depuis si longtemps, fut la créatrice de la Mode et qui imposa aux nations voisines les éternelles variations du costume, on peut dire que l'art de la parure ne fut jamais plus intéressant que depuis qu'il se généralisa en se démocratisant. La Révolution, qui bouleversa inutilement tant de traditions et qui remua plus de théories humanitaires qu'elle ne provoqua de réformes vraiment bienfaisantes au peuple, cette Révolution qui creusa un si profond

abîme entre deux sociétés, et de laquelle datera l'histoire de l'incivile
civilisation moderne, cette Révolution, en rompant la chaîne de toutes
les traditions françaises, créa une nouvelle conception de l'esthétique du
vêtement d'où dérivent logiquement les Modes de ce siècle, si extraordinairement multiples, si proches et cependant déjà si lointaines.

Elles furent d'abord, ces Modes du peuple affranchi, libératrices des
formes, complaisantes aux contours et transparentes à souhait; elles
s'inspirèrent de la nature et de la mythologie païenne ; elles préten-
dirent ne rien cacher et se conformer aux harmonies de la beauté
grecque ; puis on les vit sous l'Empire, déjà moins frivoles, se faire plus
romaines et incursionner dans l'engoncement des uniformes militaires.
Sous la Restauration, avec la littérature des néo-médiévistes, les Modes
s'empesèrent, affectant les lignes roides, les manières guindées d'un
faux troubadourisme ; 1830 fut plus Renaissance, plus souple, plus voluptueux ; jamais la Mode n'apparut plus femme, plus subtile qu'alors, plus
originale, plus exquisement artistique. Depuis, l'outrance du costume
s'ébaucha, s'accentua, s'aggrava pour ne s'arrêter qu'aux monstrueuses
caricatures de la crinoline, aux simiesques accoutrements du second
Empire. Après 1870, nous ne jugeons plus nettement de ce que fut notre
goût dans le costume, par cette raison qu'il faut un recul de plus de
quinze ans pour décider d'une expression d'ensemble des formes et
des couleurs. Une Mode ancienne est toujours une curiosité, une Mode
depuis peu périmée est un ridicule, seule la Mode actuelle, qu'anime la
vie, impose sa grâce, sa séduction et ne se discute pas.

Ce sont ces Modes successives, étranges, curieuses sous tant d'aspects
différents, que nous avons voulu fixer au cours de cet ouvrage en les faisant
défiler dans les divers milieux de notre cher Paris où elles évoluèrent
depuis cent ans. Pour retirer aux illustrations la marque banale de la
composition de « genre costume », nous avons voulu que leur décor fît
tableau d'ensemble, qu'il montrât les architectures de la vie parisienne
sur lesquelles la Mode se silhouetta en des centres d'élégance et de
plaisir, et notre illustrateur François Courboin a su répondre fidèle-
ment à notre désir et réaliser, à notre entière satisfaction, la galerie
d'estampes rétrospectives que nous réclamions de son talent et de son
érudition spéciale.

Chacune de ses cent lllustrations en couleur hors texte est un document exact, une vue d'ensemble d'un coin disparu sinon modifié de
Paris et la Mode n'y apparaît que comme un accessoire logique, indispensable, laissant tout l'intérêt au fond du décor où se retrouvent les
aspects les plus fashionables de notre vieille cité. Quant aux deux
cent trente dessins du texte, ils ont tout le charme, la verve, la légèreté

des anciennes vignettes de l'École 1840 et séduiront sûrement les amateurs, aussi bien les modernes curieux que ceux qui apportent dans
leur passion pour le livre illustré quelques rétrospectives tendresses.

Pour ce qui est de la substance même du livre, de ces dix chapitres
successifs de nos *Modes de Paris*, nous pensons pouvoir affirmer qu'ils
mettent au point définitif ce que nos études de *la Française du siècle* et
de *la Femme et la Mode* avaient d'inachevé ; ce sont les mêmes obser-
vations, les mêmes tableaux de mœurs, les mêmes précis historiques
de nos métamorphoses sociales haussés à la portée des révolutions du
jour. Nous voudrions pouvoir ajouter que ce livre est comme la synthèse
expressive et artistique de tout ce qui fut écrit sur nos salons, nos habillements, nos idées dans le courant du xixᵉ siècle. Sous la forme la plus
concise, il nous serait agréable d'avoir atteint notre but : *Établir le plan
général du monument esthématique de notre époque.*

Y avons-nous réussi ? Quelques esprits sérieux, parmi ceux qui vont
au delà de l'intérêt récréatif des gravures, pourront en juger et con-
clure. Pour les autres, pour les *Biblioscopes*, nous ne leur avons point
ménagé, pensons-nous, la pâture de l'œil. Cet ouvrage offre une hospi-
talité considérable au document dessiné ; l'album y double le Livre, la
vignette, à chaque page, y illustre le texte ; on n'a jamais fait davantage, on ne saurait faire mieux en un seul volume pour le plaisir des
Iconophiles, Amis des Modes. Mais la vanité de l'auteur-éditeur qui s'y
affirme, est d'y avoir allumé sa propre lanterne et de l'avoir conscien-
cieusement promenée à travers les êtres et les choses de ce siècle
parmi les événements qui contribuèrent à cet art de se parer et de
plaire, dont la Mode a toujours été le principal but dans l'opinion du
plus grand nombre.

OCTAVE UZANNE.

Paris, 18 octobre 1897.

DRIVE EN WISKI

Longchamps, An V (1797).

LES BAINS VIGIER

An V (1797).

LES DERNIERS JOURS DU XVIIIᵉ SIÈCLE

LICENCES DU COSTUME ET DES MŒURS

SOUS LE DIRECTOIRE

A LA FORMATION même du Directoire, la plus parfaite anarchie, — une anarchie libératrice et de soulagement, — succéda au sanglant régime du « Rasoir national ». La Révolution avait tout détruit, même l'empire des femmes. Les clubs, les réunions de la rue ne devaient que faire disparaître toute apparence de salon et l'on constatait que l'esprit, la grâce, toute la finesse françaises semblaient avoir sombré dans les sanglants délires de la plèbe. — La réaction thermidorienne avait tout à créer, à instituer de nouveau en effaçant jusqu'aux souvenirs monstrueux de la Terreur.

Il sembla normal de voir renaître en tous lieux le plaisir, les jeux, l'allégresse, après une si longue contrainte; la

confusion régna partout; on vécut, pour ainsi dire, dans l'interrègne de la morale ; on se plut à s'étourdir, à s'oublier, à se griser; on s'abandonna, on se donna avec facilité et sans même prendre garde à la brutalité des moyens.

La femme, principalement, eut conscience qu'elle venait de reconquérir ses droits les plus charmants. Rien ne l'avait autant révoltée que cette prétention absurde de la Révolution à introduire dans nos mœurs la sévérité ou la férocité des lois sociales des premiers Romains. Effrayées de cette austérité néo-républicaine, nos Françaises s'efforcèrent, par une corruption plus forte que sous la monarchie même, de nous rassurer contre les fausses rigueurs spartiates; elles s'ingénièrent à plaire, et leur puissance séductrice devint plus puissante que tous les décrets rigides, elle sut déjouer les mesures prises en vue de réglementer la vertu et les mœurs.

La création du Directoire remit la femme sur le trône mythologique des grâces et des amours; ce fut la folle souveraine d'une société haletante, fiévreuse, agitée, houleuse, semblable à une foire ouverte aux appétits, aux passions basses, à l'agiotage, aux amours à l'encan, à tous les marchandages qui excluaient, de parti pris, le sentiment.

L'art de vivre devint l'art de plaire. — La politesse ne fut plus qu'un préjugé; les jeunes hommes parlèrent aux femmes le chapeau sur la tête. — Un vieillard était-il prévenant auprès d'elles, les adolescents ridiculisaient le bonhomme. — Ramassait-on l'éventail d'une femme, elle ne remerciait point; la saluait-on, elle ne rendait pas le salut. — Elle passait, animal de santé et de joie, lorgnant les beaux garçons, riant au nez des difformes. Il n'exista plus de fruit défendu dans ce paradis du paganisme; toute tactique d'amour consistait à provoquer le désir et à le satisfaire presque aussitôt. On conjugua selon le caprice du moment le verbe : *je te veux, tu me veux, nous*

nous voulons, et on ne passa jamais à l'impersonnel, préférant arriver de suite à l'imparfait ou au passé défini. — Le divorce n'était-il pas là pour dénouer les liens de ceux que la jalousie torturait encore? — Le mariage n'était plus considéré, selon le mot terrible de Cambacérès, dans le Code, que comme la « mise en action de la nature »; on ne tint cet acte civil que pour temporaire, l'incompatibilité d'humeur déliant fort aisément ceux que les convenances physiques avaient réunis.

« La femme d'alors va de mari en mari, écrivent les frères de Goncourt, poursuivant son bonheur, dénouant, renouant sa ceinture. Elle circule comme une marchandise gracieuse. Elle est épouse, le temps que cela ne l'ennuie pas; elle est mère, le temps que cela l'amuse;... le mari court des bras de l'une aux bras de l'autre, demandant une concubine à l'épouse et le rassasiement de ses appétits à des noces multipliées. On divorce pour rien;... on se marie pour divorcer, on se démarie pour se remarier, sans que l'homme ait la jalousie du passé, sans que la femme en ait la pudeur, et il semble que les mariages de ce temps aient pris modèle sur les haras où l'on procède par essais. »

1797

La réaction dansante fut surtout soudaine, impétueuse, formidable, au lendemain de la délivrance. A peine les échafauds renversés, que déjà les bals s'organisaient sur tous les points de la capitale; les sons joyeux de la clarinette,

du violon, du tambourin, du galoubet, convoquaient aux
plaisirs de la danse les survivants de la Terreur qui s'y
pressèrent en foule. Duval, dans ses *Souvenirs*, a énuméré
à plaisir ces différents temples de Terpsichore : D'abord le
magnifique jardin du Fermier Général Boutin, exécuté avec
tous ses collègues *pour avoir mêlé de l'eau au tabac de la
ferme*, et que les entrepreneurs baptisèrent du nom italien
de *Tivoli*. Ce fut le premier qui ouvrit ses portes au public.
Un autre bal se forma dans le jarbin Marbeuf, au bout de
l'avenue des Champs-Élysées. On dansait gaiement dans ces
deux endroits.

D'autres bals s'ouvrirent successivement : ce furent les
bals de l'Élysée national, ci-devant Bourbon, dont le nègre
Julien dirigeait l'orchestre avec un rare bonheur ; ce fut
comme le Musard de l'époque. On y faisait de délicieuses
promenades en bateau. Puis le bal du jardin des Capucines, fréquenté par les marchandes de modes de la rue
Saint-Honoré et de la rue Neuve-des-Petits-Champs ; le
Ranelagh du Bois de Boulogne, abandonné
alors aux clercs d'huissiers et aux commis
marchands ; le Wauxhall, où les tours d'a-
dresse de l'escamoteur Wal, aussi bien que
les plaisirs de la danse, faisaient affluer les
grisettes du Marais et du quartier du Temple.
Tous ces bals étaient ouverts le quintidi et le
décadi à la moyenne bourgeoisie. Frascati et
le Pavillon de Hanovre étaient le rendez-vous
des hautes classes de la société. Dans la Cité
se trouvait le bal de la Veillée, où l'on donnait
de singuliers *concerts miauliques* ; il y avait là
une vingtaine de chats dont on n'apercevait
que les têtes, disposés sur les touches d'un
clavecin : ces touches étaient des lames
pointues dont chacune allait frapper la

1797

LA TERRASSE DES TUILERIES
An VI (1798).

2

LES RENDEZ-VOUS AU CAFÉ DES TUILERIES
An VI (1798).

queue d'un chat qui poussait un cri, chaque cri répondait
à une note de musique et l'ensemble produisait un charivari
admirable ; ce bal de la Veillée est devenu depuis le fameux
Prado, cher aux étudiants.

Sur la rive gauche de la Seine, on rencontrait le bal de la
rue Théouville, ci-devant Dauphine ; puis, en face du portail
septentrional de l'église Saint-Sulpice, à l'entrée de la rue
Servandoni, on voyait, se balançant avec grâce dans les airs,
mollement agité, un transparent rose sur lequel on lisait :
Bal des Zéphirs. Ce bal, où le galoubet faisait rage, avait été
établi dans l'ancien cimetière Saint-Sulpice ; on lisait : *Hic
requiescant, beatam spem expectantes.* Les pierres tumu-
laires n'étaient point même enlevées à l'intérieur de ce lieu
de plaisir, mais la jeunesse dansante s'inquiétait peu de
profaner la cendre des morts, et la folie brillait de tout son
éclat dans cette nécropole. Rue d'Assas, près l'ancien
couvent des Carmes Déchaux, dans le cimetière même
du prieuré, autre carmagnole : on y avait ouvert le
Bal des Tilleuls. Les corybantes *macabres* y affluaient.

L'épidémie saltatrice croissait de jour
en jour. A la suite du décret, voté sur la
proposition de Boissy d'Anglas, qui restituait
aux héritiers des condamnés de la Révolution
les biens qui leur avaient été confisqués, la
joie revint au camp de ces déshérités, qui
passaient ainsi subitement, en quelques
jours, de la misère à l'opulence. Ces jeunes
gens, étourdis par ce retour de fortune, se
lancèrent dans tous les plaisirs de leur âge ;
ils fondèrent un bal aristocratique pour
eux seuls, et décidèrent de n'y admettre
que ceux-là qui pourraient faire valoir un
père, une mère, un frère ou une sœur,
un oncle pour le moins, immolés sur la

1797

place de la Révolution ou à la barrière du Trône. Telle fut
l'origine du fameux *Bal des Victimes* (*Hôtel Richelieu*), qui
eut un cérémonial tout particulier et amena de véritables
innovations dans les excentricités de la Mode.

En entrant dans ce bal, on *saluait à la
victime*, d'un mouvement sec de tête, qui imitait celui du condamné au moment où le bourreau, le basculant sur la planche, passait sa
tête dans la fatale lunette. On affectait une
grâce énorme dans ce salut que chacun étudiait
de son mieux ; quelques jeunes héros de con-
tredanse y mettaient une élégance telle qu'ils
étaient accueillis par l'aréopage féminin avec
une faveur marquée. Chaque cavalier invitait
et reconduisait sa danseuse avec un *salut à
la victime* ; bien mieux, pour accentuer cette
infâme comédie, quelques raffinés d'élégance
imaginèrent de se faire tondre les cheveux à ras
sur la nuque, à la façon inaugurée par Samson

1797

à *la toilette* des condamnés par le tribunal révolutionnaire.
Cette ingénieuse invention causa des transports d'admiration dans le camp des jeunes extravagants. Les dames suivirent la mode et se firent couper résolument les cheveux à
la racine. La *coiffure à la victime* venait de naître, elle
devait s'étendre à la France entière et s'appeler par la
suite *coiffure à la Titus* ou *à la Caracalla*. Pour compléter
cette bouffonnerie navrante, les filles de suppliciés adoptè-
rent le schall rouge, en souvenir du schall que le bourreau
avait jeté sur les épaules de Charlotte Corday et des dames
Sainte-Amarante, avant de monter à l'échafaud.

Ce *Bal des Victimes* devint vivement, en raison de sa
société relevée et de ses démences, le point de mire du Paris
joyeux. Ce fut là qu'on vint contempler les nouvelles
Modes du jour, et les jeunes filles qui y dansaient les valses

de récente importation rivalisaient de toilettes et de grâces... ; peu à peu elles quittèrent le deuil et arborèrent effrontément le satin, le velours et les kachemirs aux tons chauds. Ce fut à ces insolentes réunions qu'apparurent les premières tuniques laconiennes et les chlamydes à méandres de couleur, la chemise de perkale, les robes de gaze ou de linon et le provocant cothurne avec ses charmants enlacements de rubans sur le cou-de-pied. Toutes les fantaisies romaines et grecques du costume furent inaugurées pour la plupart par des descendantes de guillotinés ; quelques aimables dames archi-tondues poussèrent l'amour du réalisme et de l'horreur jusqu'à serrer autour de leur cou un mince collier rouge qui imitait à ravir la section du couperet. Les Incroyables juraient leur *petite pa'ole d'honneu panachée* que c'était divin, admi'able, 'uisselant d'inouïsme !

1797

Dans les intervalles des contredanses, on ingurgitait glaces, punch, sorbets ; on prenait la main de sa danseuse dont on recevait des déclarations d'amour ; de plus, s'il faut en croire un témoin oculaire, « on finissait par convenir entre soi qu'après tout cet excellent Robespierre n'était pas si diable qu'il était noir et que la *Révolution avait son bon côté*[1] ».

Il ne manquait plus à ces insensés que de chanter, à

---

1. Ripault, dans *Une journée de Paris*, an V, nous montre aussi un témoin oculaire qui est Polichinelle, égaré au bal des Victimes : « Je vis un beau jeune homme, et ce beau jeune homme me dit : « Ah! Polichinelle... ils ont tué mon père ! — Ils ont tué votre père ? » — et je tirai mon mouchoir de ma poche — et il se mit à danser :

Zigue, zague don don,
Un pas de rigaudon.

l'imitation de la belle Cabarrus, le couplet d'une chanson
satirique alors à demi célèbre chez les Directeurs :

> Quand Robespierre reviendra,
> Tous les jours deviendront des fêtes.
> La Terreur alors renaîtra
> Et nous verrons tomber des têtes.
> Mais je regarde... hélas ! hélas !
> Robespierre ne revient pas.

A côté du Bal des Victimes, tout Paris donnait les vio-
lons, c'était un branle général ; on sautait par abonnements
au *Bal de Calypso*, faubourg Montmartre, à l'hôtel d'Aligre
et à l'hôtel Biron, au Lycée des Bibliophiles et des nouvel-
listes, rue de Verneuil ; rue de l'Échiquier, chez le fleuriste
Wenzell ; dans toutes les rues de la Cité. La bonne société
se rendait de préférence à l'hôtel Longueville où la belle
et voluptueuse Mme Hamelin ne dédaignait pas de montrer
ses grâces nonchalantes et d'afficher ses déshabillés inou-
bliables . Toutes les classes de la société étaient
alors galvanisées par la *dansomanie* ; on ri-
gaudonna jusque dans les greniers misérables
des faubourgs et l'on vit plusieurs *bals
champêtres* s'établir
dans des caves de
restaurateurs, sinon
dans les sous-sols
de boutiquiers.

Jamais la nation
française n'offrit aux
yeux de l'observa-
teur un spectacle
plus curieux, plus
incohérent, plus varié,

1798   plus inconcevable qu'au

LA FONTAINE DE LA RUE DU REGARD
An VII (1799).

3

LE THÉATRE DES VARIÉTÉS
An VII (1799).

début du Directoire. La Révolution avait tout submergé : traditions, mœurs, langage, trône, autels, modes et manières ; mais la légèreté spéciale à ce peuple surnageait au-dessus de tant de ruines ; l'esprit d'insouciance, de forfanterie, d'à-propos, cet immortel esprit frondeur et rieur, fonds précieux du caractère national, reparaissait au lendemain de la tour-mente, plus alerte, plus vivace, plus indomptable encore qu'autrefois. Comme il ne restait rien du

1798

passé et qu'on ne pouvait improviser en un jour une société avec des convenances, des usages, des vêtements entièrement inédits, on emprunta le tout à l'histoire ancienne et aux nations disparues : chacun s'affubla, se grima, « jargonna » à sa guise ; ce fut un travestissement général, un carnaval sans limites, une orgie sans fin et sans raison. On ne peut regarder aujourd'hui cette époque dans son ensemble et dans les menus détails de son libertinage sans croire à une immense mystification, à une colossale caricature composée par quelque humoriste de l'école de Hogarth ou de Rowlandson. — Cependant, en dépit des folies parisiennes, nos armées de Sambre-et-Meuse, du Rhin et de la Moselle, ainsi que nos glorieux bataillons d'Italie, portaient au loin le renom de nos armes et des germes de liberté ; le monde entier retentissait des échos de nos victoires ; les prodiges de Bonaparte

2

inquiétaient la vieille Europe, tant de gloire aurait pu enorgueillir et assagir à la fois les pantins qui avait fait de Paris un *Guignol* étourdissant et impossible à décrire !

On aura peine à imaginer qu'au milieu des victoires de Ney, de Championnet et du général Bonaparte, on n'observait dans la capitale, sur nos boulevards et places publiques, aucun enthousiasme, aucun mouvement d'allégresse. S'il faut ajouter créance aux journaux contemporains, on passait froidement, avec indifférence, à côté des crieurs annonçant les grands succès de nos généraux; on désirait la paix, la tranquillité, l'abondance; l'agiotage avait gagné toutes les classes, la griserie de la mascarade anéantissait toutes idées nobles. Les *Écrouelleux*, les *Inconcevables*, les *Merveilleux*, le menton caché dans leurs cravates démesurées, maudissaient le gouvernement des Directeurs, méconnaissaient les mérites de nos soldats, disant d'un air affadi : *Pa'ole victimée, cela ne peut pas du'er !* — Les fêtes même données par le Directoire, pour rendre honneur à la vaillance de nos braves, manquaient à la fois de dignité et de véritable grandeur ; le mauvais goût s'y montrait flagrant et le comédisme de ces cérémonies n'en excluait pas le ridicule. Lorsque Junot vint apporter au gouvernement les drapeaux conquis à la bataille de la Favorite, il y fut reçu, de même que Murat, en grand apparat ; mais l'aide de camp Lavallette, dans une lettre à un ami intime, relate avec quelle pompe on procédait d'ordinaire aux petites réceptions moins extérieures. « J'ai vu, écrivait-il, dans les appartements du petit Luxembourg, nos

1798

cinq rois, vêtus du manteau de François Ier, chamarrés
de dentelles et coiffés du chapeau à la Henri IV. La figure
de La Revellière-Lépeaux semblait un bouchon fixé sur
deux épingles. M. de Talleyrand, en pantalon de soie
lie de vin, était assis sur un pliant aux pieds de Barras
et présentait gravement à ses souverains un ambassadeur du Grand-Duc de Toscane, tandis que le
général Bonaparte mangeait le dîner de son maître.
A droite, sur une estrade, cinquante musiciens et
chanteurs de l'Opéra, Lainé, Lays et les actrices,
criant une cantate patriotique sur la musique
de Méhul ; à gauche, sur une autre estrade,
deux cents femmes, belles de jeunesse, de fraîcheur et de nudité, s'extasiant sur le bonheur et la
majesté de la République ; toutes portaient une
tunique de mousseline et un pantalon de soie
collant, à la façon des danseuses d'opéra ; la plupart
avaient des bagues aux orteils. Le lendemain de
cette belle fête, des milliers de familles étaient proscrites
dans leurs chefs, quarante-huit départements étaient veufs
de leurs représentants et trente journalistes allaient mourir
à Sinnanary ou sur les bords de l'Ohio. »

1798

En dehors des fêtes dédiées à la Victoire, le gouvernement des Directeurs avait, selon l'usage antique, institué des
fêtes publiques à dates fixes, en l'honneur de la République
et de sa fondation ; d'autres étaient consacrées à la Patrie, à
la Vertu, à la Jeunesse ; il y eut même *la Fête des Époux*,
singulier à-propos en ce temps où le divorce faisait rage
et où l'on se serait gardé d'élever le plus petit édicule à la
Fidélité et surtout à la Constance.

Le Luxembourg, dont les cinq Directeurs avaient pris
possession, était devenu, ainsi que le remarque un poète
du temps, une véritable cour ; et, comme cette cour était
très accessible aux femmes, grâce au voluptueux Barras,

elles y avaient apporté les manières les plus douces. La galanterie avait fait disparaître peu à peu les austérités républicaines et les femmes reprenaient largement l'empire dont elles avaient été dépossédées pendant le long règne de la Convention. Les citoyennes de Staël, Hamelin, de Château-Regnault, Bonaparte et Tallien étaient les reines de Paris, et il n'était point de fêtes sans elles. La fille du comte de Cabarrus, l'ex-épouse de M. de Fontenay, la future femme du comte de Caraman-Chimay, la belle Mme Tallien, semblait surtout la souveraine incontestée du Directoire ; on avait pu attacher au bas de son costume romain cet écriteau satirique : *Respect aux propriétés nationales.*

On racontait alors un propos d'esprit qui circula longtemps dans cette société frivole : un muscadin s'était attaché aux pas de la grande citoyenne, et, comme celle-ci, énervée, se retournait : « Qu'avez-vous, monsieur, à me considérer ? — Je ne vous considère pas, madame, aurait répondu le badin, j'examine les diamants de la couronne. »

Il est bon de dire que la ci-devant Mme de Fontenay montra toujours vis-à-vis de tous les déshérités une charité inépuisable, ce qui fit dire à juste titre que si la citoyenne Bonaparte avait acquis le surnom de Notre-Dame des Victoires, la charmante Tallien méritait en tous points celui de Notre-Dame de Bon Secours.

Le plus éclatant salon du Luxembourg, celui où la meilleure compagnie tenait à se rendre, était incontestablement le salon de Barras. Il était simple et plein de bonhomie ; on y causait peu avec cet esprit de conversation d'autrefois, mais on y riait, on y jouait, on y plaisantait sans façons. M. de Talleyrand s'y asseyait complaisamment à une table de bouillotte

1798

LE JARDIN DES TUILERIES
An VII (1799).

4

LES AGIOTEURS AU PALAIS ROYAL
An VII (1799).

et Mme de Staël y venait chuchoter avec Marie-Joseph Chénier ou François de Neufchâteau. Les autres Directeurs recevaient chacun un jour de la décade, mais leurs réceptions manquaient d'éclat. Chez La Revellière-Lépeaux, — Laide peau, comme on le nommait, — le vulgarisateur de la *théophilanthropie*, on ne parlait que de la religion nouvelle et l'on « mettait ses vices à la question ». Chez Carnot, qui donnait de mesquines soirées dans un petit appartement bas de plafond, on chantait quelques ariettes guerrières et on ne jurait que par « l'Évangile de la gendarmerie ». Chez Letourneur et Rewbell, c'était pis encore : on y bâillait et on n'y causait point. Mais la France entière n'était pas à Paris, elle était représentée surtout au palais Serbelloni à Milan et au château de Montebello, où une cour brillante se pressait pour rendre hommage à la séduisante Joséphine qui faisait par ses grâces non moins de conquêtes que, par son génie, son illustre époux.

Le vrai salon du Directoire, ce fut la rue ; ce fut le Petit Coblentz, puis Tivoli avec ses quarante arpents de verdure, Monceau, et aussi Idalie ; ce fut Biron, ce fut l'Élysée, ce fut même enfin la Butte Montmartre, d'où montèrent tous les soirs dans la nuit dix feux d'artifice qui secouaient sur Paris leurs gerbes de pierreries, leurs paillettes d'or et d'émeraudes. La rue fut agitée par une éternelle fête ; chaque nuit y défilaient, se rendant à Feydeau et aux autres spectacles, les bandes élégantes des

1798

agioteurs, des fournisseurs en compagnie de leurs bruyantes maîtresses. L'été, le plaisir se montrait sous la feuillée, à Bagatelle, au *Jardin de Virginie*, faubourg du Roule, au ci-devant hôtel Beaujon. Les *aimables* et les Merveilleux raffolaient de ces endroits gazonnés, pleins de ruisseaux, de cascades, de grottes, de tourelles, éclairés de flammes rouges, remplis par le bruit des fanfares, où les nymphes à demi nues ne songeaient guère à fuir sous les saules. Le principal temple de la Joie, le plus attirant fut Tivoli, mélange de côteaux, de cascatelles, de sentiers sinueux, où l'on passait au milieu d'une haie de jolies femmes, et où se tenaient tous les jeux connus à Cythère. Dans ce pays de l'Astrée éclairé par les fantaisies pyriques des Ruggieri, égayé par les cabrioles, les chansons légères, les parades de foire, par l'apparition des acrobates de tous genres, la société du Directoire se complaisait inconsciente et carnavalesque.

1798

« Bruyants plaisirs, s'écriait Mercier, les femmes sont dans leur élément au milieu de votre tumulte ! Le contentement perce dans leur maintien, malgré leur déchaînement épouvantable contre le temps qui court ; jamais elles n'ont joui d'une telle licence chez aucun peuple ; la rudesse jacobine expire même devant les non cocardées. Elles ont dansé, bu, mangé, elles ont trompé trois ou quatre adorateurs de sectes opposées, avec une aisance et une franchise qui feraient croire que notre siècle n'a plus besoin de la moindre nuance d'hypocrisie et de dissimulation et qu'il est au-dessous de nous de pallier nos habitudes et nos goûts quels qu'ils soient.

« Quel bruit se fait entendre ? Quelle est cette femme que les applaudissements précèdent ? Approchons, voyons. La foule se presse autour d'elle. Est-elle nue ? Je doute. Approchons de plus près, ceci mérite mes crayons : je vois son léger pantalon, comparable à la fameuse culotte de peau de Mgr le comte d'Artois, ce pantalon féminin, dis-je, très serré, quoique de soie, est garni d'espèces de bracelets. Le justaucorps est échancré savamment et, sous une gaze artistement peinte, palpitent les réservoirs de la maternité. Une chemise de linon clair laisse apercevoir et les jambes et les cuisses, qui sont embrassées par des cercles en or et diamantés. Une cohue de jeunes gens l'environne avec le langage d'une joie dissolue. Encore une hardiesse de *Merveilleuse*, et l'on pourrait contempler parmi nous les antiques danses des filles de Laconie : il reste si peu à faire tomber que je ne sais si la pudeur véritable ne gagnerait pas à l'enlèvement de ce voile transparent. Le pantalon couleur de chair, strictement appliqué sur la peau, irrite l'imagination et ne laisse voir qu'en beau les formes et les appas les plus clandestins ;... et voilà les beaux jours qui succèdent à ceux de Robespierre ! »

En automne, les concerts, les thés, les théâtres attiraient même affluence de robes transparentes et de mentons embéguinés ; on rigaudonnait, on prenait des glaces chez Garchy et chez Velloni ; le pavillon de Hanovre faisait fureur : dans cette partie de l'ancien hôtel de Richelieu, les déesses couronnées de roses, parfumées d'essence, flottant dans leurs robes à l'athénienne, œilladaient aux Incroyables, agitaient l'éventail, allaient, venaient, tourbillonnaient, rieuses, chiffonnées, provocantes, le verbe haut, l'œil insolent, cherchant le mâle. Et chacun clabaudait dans l'assemblée des hommes, on y mettait cyniquement et à plaisir à découvert le gouvernement de jouisseurs : « Toutes ces femmes que tu vois, clamait un jeune Spartiate à son voisin... — Hé bien ? —

1799

Elles sont entretenues par des députés. — Tu crois ? —
Si je crois !... Celle-ci, aux yeux vifs, à la taille svelte, c'est
la maîtresse de Raffron, le même qui proclame la cocarde
comme le plus bel ornement d'un citoyen. — Cette demoi-
selle à la gorge nue et couverte de diamants, c'est la sœur
de Guyomard : on a payé sa dernière motion avec les diamants de la couronne. Là-bas, cette blonde élancée, c'est
la fille cadette d'Esnard, qui a mis de côté cent mille écus
pour sa dot : on la marie demain. Il n'y a pas, vois-tu, con-
cluait le jeune homme, un seul membre du Corps législatif
qui n'ait ici deux ou trois femmes dont chacune des robes
coûte à la République une partie de ses domaines. »

Ainsi les propos s'entre-croisaient, propos de galanterie, de
marchandage, de politique, d'agiotage, quolibets et calembours. Toutes les opinions, toutes les castes se trouvaient
réunies dans ces *Sociétés d'abonnement*, où l'on acclamait
M. de Trénis, le *Vestris* des salons. Les femmes du meilleur
monde, qui craignaient de montrer du luxe et d'attirer l'attention en recevant habituellement chez
elles, ne redoutaient point de se mêler
aux nymphes galantes qui fréquentaient
même Thélusson et l'hôtel de Richelieu ;
on y allait en grande toilette ; mais, *par
instinct*, on préférait le négligé. —
Thélusson, Frascati, le pavillon de Hanovre étaient composés *à peu près*, au
dire de Mme d'Abrantès, de la meilleure société de Paris. On y allait
en masse, au sortir de l'Opéra ou de
tout autre spectacle ; quelquefois
par bande de vingt-cinq d'une
même société ; on y retrouvait ses
anciennes connaissances, puis on
rentrait sur le tard prendre une

1799

LES PREMIÈRES MONTAGNES RUSSES
An VII (1799).

LE BAL DE L'OPÉRA
An VIII (1800).

tasse de *thé*,... un thé... de véritable macédoine car il y avait de. tout, depuis des daubes jusqu'à des petits pois et du vin de Champagne.

Les femmes du Directoire n'avaient, il faut bien le dire, aucune des délicatesses et des grâces alanguies que nous leur prêtons par mirage d'imagination ; aucun de ces charmes amenuisés et anémiés qui constituèrent par la suite ce qu'on nomma la distinction. Presque toutes furent des luronnes, des gaillardes, masculinisées, fortes sur le propos, à l'embonpoint débordant, véritables *tétonnières* à gros appétit, à gourmandise gloutonne, dominées exclusivement par leurs sens, bien qu'elles affectassent des pâmoisons soudaines ou de mensongères migraines. Il fallait les voir, après le concert, se ruer au souper, dévorer dindes, perdrix froides, truffes et pâtés d'anchois par bouchées démesurées, boire vins et liqueurs, manger

Le jeu de l'Émigrette.

en un mot, selon un pamphlétaire, pour le rentier, pour le soldat, pour le commis, pour chaque employé de la République.

Ne leur fallait-il point se faire « un coffre solide » pour résister aux fluxions de poitrine qui guettaient à la sortie ces nymphes dénudées ? — Les vents coulis d'hiver auraient vite eu raison d'une robe de linon ou d'une friponne tunique au *lever de l'aurore*, si une sur-alimentation ne les eût préservées.

❧

La Merveilleuse et la Nymphe, créatures typiques de cette époque de corruption profonde et de libertinage ouvert, où tous les êtres mineurs s'émancipèrent d'eux-mêmes, où l'on proclama le *sacrement de l'adultère*, Merveilleuses et Nymphes

3

furent les divinités reconnues aux décadis et à toutes les fêtes païennes de la République : beautés plastiques, prê-tresses de la nudité et du dieu des jardins, femmes folles de leur corps, chez qui l'âme a déserté, perdues dans la fausse mythologie qui les porte à se *gréciser* par amour de l'antique afin de pouvoir se comparer aux Vénus de la statuaire et aux diverses héroïnes de la Fable.

Les jeunes gens à leurs dignes partenaires. poraine qui nous esquis- en quelques lignes : « Pré- la jeunesse ne l'est ordi- rants, parce que depuis l'éducation était interrom- der la licence et la dé- lanterie; querelleurs, plus mettrait à des hommes lement au bi- inventé un jar - aussi ridicule cravate qui semblait mousseline tournée par-dessus tout, fats

1799

la mode furent aussi Écoutons une contem- sera leur portrait somptueux plus que nairement ; igno- six ou sept ans pue, faisant succé- bauche à la ga- qu'on ne le per- vivant continuel- vouac ; ayant gon presque que leur immense une demi-pièce de autour d'eux, et, et impertinents. En

guerre avec le parti royaliste du club de Clichy, ils prirent un costume qui devait différer de tous points de celui des jeunes aristocrates : un très petit gilet, un habit avec deux grands pans en queue de morue, un pantalon dont j'aurais pu faire une robe, des petites bottes à la Souvarow, une cravate dans laquelle ils étaient enterrés ; ajoutons à cette toilette une petite canne en forme de massue, longue comme la moitié du bras, un lorgnon grand comme une soucoupe, des cheveux frisés en serpenteaux, qui leur cachaient les yeux et la moitié du visage, et vous aurez l'idée d'un *in-croyable* de cette époque. »

Inspectons, au début de l'an V, ces Olympiennes du Directoire à cette illustre promenade de Longchamp qui venait
d'être rétablie et dont le défilé n'était qu'un assaut de luxe et
de beauté et un incroyable concours de toilettes. Suivons-les,
à travers les éphémérides de la mode, jusqu'aux dernières
années du siècle.

Rien de moins français que la mise des élégantes à ce
début de l'an V. Ce ne furent que tuniques grecques,
cothurnes grecs, dolmans turcs, toquets suisses ; tout
annonçait des voyageuses disposées à courir le monde. Ce
qui surprit davantage après les *Titus*, les coiffures *à la
victime* et à l'hérissé, ce fut la préférence aveugle donnée
aux perruques. Peu auparavant, à ce seul nom, une belle
frissonnait ; mais le sacrifice de ses cheveux en cette époque
républicaine était devenu un triomphe… ; avec cela, robe
retroussée jusqu'au mollet : ce dégagement, d'accord avec
les souliers plats, donnait aux femmes une allure décidée
et hommasse peu en rapport avec leur sexe.

Sur les coiffures on disposait un coquet
béguin, assez semblable aux toquets du
premier âge, ou bien un chapeau spencer
à haute calotte cannelée avec plume de
vautour. La même année vit les toquets
froncés à coulisses, le toquet d'enfant
garni en dentelles, tantôt en linon, tantôt en
velours noir, cerise, violet ou gros vert, avec
une ganse plate sur les coutures et une dentelle froncée sur le bord. On porta
même le turban à calotte plate, orné
de perles et d'une aigrette, mis à la
mode par l'arrivée d'un ambassadeur
turc à Paris ; on vit en plus la capote
anglaise garnie de crêpe, le bonnet à la
jardinière, le chapeau casque-ballon,

1799

le bonnet *à la folle,* garni de fichus multicolores, de blondes
et de dentelles, qui cachaient à demi le visage ; la cornette
en linon gazé, le chapeau blanc *à la Lisbeth* sur un toquet
cerise que la Saint-Aubin venait de mettre en vogue dans
l'opéra de *Lisbeth* au Théâtre-Italien ; le chapeau à la
Primerose, également emprunté à la pièce de ce nom,
le casque à la Minerve, le turban en spirales
et vingt autres couvre-chefs plus charmants,
plus gracieux les uns que les autres,
mais qui, pour extravagants qu'ils fussent,
seyaient à merveille à tous ces visages
provocants et animés par la fièvre de vivre.

Le fichu fut également porté en négligé,
drapé, chiffonné au hasard ; aucune règle
n'en détermina la forme, le goût seul présidait à sa confection, et ce fut bien la plus
adorable coiffure du monde, la plus coquine :
point de chignon, quelques cheveux épars sur
le front, une draperie amplement bouillonnée,
une bride noire et l'attention de ménager les
trois pointes, voilà seulement ce que l'usage généralisa. Il

1799

fallait voir les grisettes en négligé du matin : une gravure
nous présente une Parisienne dans cette tenue de la première
heure ; le premier fichu blanc venu lui tient lieu de coiffe,
les cheveux errent à l'aventure et le chignon reste invisible ;
camisole blanche serrée à la taille et jupon rayé, bas à coins ;
mules de maroquin vert : ainsi costumée, la belle s'en allait
chercher sa provision au marché le plus proche ; point de
panier, mais un mouchoir blanc à la main pour recevoir les
œufs, les fleurs et les fruits. Avec cette grosse emplette on
la voit revenir gaiement, tenant d'une main le petit paquet
et de l'autre le jupon, relevé très haut jusqu'au genou afin de
bien laisser voir la chemise blanche et le mollet convenablement placé et enfermé dans son tricot blanc immaculé.

LES RÉUNIONS AU LUXEMBOURG
An VIII (1800).

UN TRIPOT AU PALAIS-ROYAL
An VIII (1800).

Pour la promenade matinale, les Parisiennes, afin de mieux se livrer aux caresses du zéphyr, dépouillaient tout ornement superflu; une robe mince dessine les formes, un schall de linon jaune citron ou rose pâle tient lieu de fichu; sur la tête un simple béguin, dont la dentelle s'échappe sous une gaze ornée de paillettes; aux pieds des petits cothurnes rouges, dont les rubans de même couleur s'enroulent autour de la jambe : tel était le costume dans lequel les grâces assistaient, déjà sur le tard, au lever du soleil.

Dans le jour on ne voyait que chemises *à la prêtresse*, robes de linon coupées sur patron antique, robes *à la Diane*, *à la Minerve*, *à la Galatée*, *à la Vestale*, *à l'Omphale*, moulées au corps, laissant les bras nus et, bien que dégagées, modelant les formes comme des draperies mouillées.

On exigeait des costumes qui dessinassent les contours et eussent de la transparence. Les médecins s'évertuaient à répéter sur tous les tons que le climat de France, si tempéré qu'il soit, ne comportait cependant pas la légèreté des costumes de l'ancienne Grèce; mais on ne se souciait aucunement des conseils des Hippocrates, aussi, Delessart put affirmer, à la fin de l'an VI, avoir vu mourir plus de jeunes filles, depuis le système des nudités gazées, que dans les quarante années précédentes.

Quelques audacieuses, parmi lesquelles la belle Mᵐᵉ Hamelin, osèrent se promener entièrement nues dans un fourreau de gaze; d'autres montrèrent leurs seins découverts, mais ces tentatives impudiques ne se renouvelèrent point; le bon sens blagueur du populaire les fit avorter dès le début et les extravagantes qui n'avaient pas eu le sentiment de leur impudeur sentirent la crainte de leur impudence quand les huées et les apostrophes des passants les poursuivirent jusques à leur domicile.

1799

Les modes transparentes se modifièrent cependant peu à peu; tout change vite dans l'empire féminin. Vers le mois de brumaire an VII, les robes *à l'Égyptienne*, les turbans *à l'Algérienne*, les *fichus au Nil* et les bonnets *en crocodile* occupèrent un instant l'esprit de nos frivoles. La campagne d'Égypte mit en vogue d'énormes turbans multicolores à côtes et à plumes recourbées, dont le fond était de nuance unie opposée à la toque; le *réticule* ou ridicule revint en faveur sous une forme militaire, on le varia à l'infini, et les devises, les devinettes, les arabesques, les camées, les chiffres l'ornèrent tour à tour.

On ébouriffa à la main les cheveux *à la Titus* ou *à la Caracalla*; on porta des chapeaux jockey, des chapeaux de courrier, des chapeaux de chasse, garnis de velours coquelicot; le chapeau *au ballon* et le casque eurent grand succès. La multiplicité des modes qui se rivalisaient, se croisaient, se succédaient « avec la rapidité des éclairs », arriva à égarer et effarer jusqu'aux directeurs de journaux attitrés.

Les schalls surtout défrayèrent la chronique; on les portait en sautoir, bien drapés sur l'épaule et ramenés sur le bras, les extrémités flottant au vent; on raffina sur les schalls aux couleurs vives, ponceau, orange, abricot avec bordures à la grecque noires ou blanches; on en essaya de toutes les formes, de toutes les étoffes, de tous les tons; on en fabriqua en drap, en casimir, en serge, en tricot de soie et plus communément en poil de lapin gris. Schalls en pointe, schalls carrés, schalls houppelandes, d'hiver et d'été. Les élégantes commencèrent à couvrir leurs appas et les souliers cothurnes disparurent peu à peu.

Quant au costume des hommes au milieu de l'an VII, en voici un croquis ébauché par la tête.

Le chapeau demi-haut de forme est à petits bords, relevés sur les côtés et abaissés sur le devant et à l'arrière; les cheveux sont toujours à la Titus, en accord avec les favoris,

qui tombent au milieu de la joue et descendent parfois
jusque sous le menton ; le bon ton exige que les favoris
soient noirs, lors même que les cheveux seraient blonds ;
les *impossibles* ont plus d'un moyen pour satisfaire à la
mode.

La cravate est haute, toujours blanche et à nœuds très
affilés en queues de rat. Elle engonce le cou jusqu'à l'oreille.
La chemise plissée est en fine batiste ; on la voit à travers
la large échancrure du gilet.

L'habit est ordinairement brun foncé, à collet noir ou
violet, croisé avec boutons de métal uni. Le pantalon, très
collant, est en casimir chamois ; il règne sur les coutures
une petite ganse d'or, à la manière des hussards. La mode
implique un énorme cachet de parade à l'extrémité des
chaînes de montre : au lieu de canne un simple petit crochet
de bambou, bottes molles venant à la naissance du mollet ;
au bal, frac noir, culotte de couleur et souliers. La nuance
des pantalons est jaune serin et vert bouteille.

Les modes furent si changeantes de 1795
à 1799 qu'il ne faudrait pas moins de deux
gros volumes in-octavo pour en fixer les différents caractères et les principales variations.
Mercier lui-même, qui saisissait cependant sur
l'heure d'un crayon si habile et si fin ces
physionomies parisiennes, semble déconcerté de se voir si vite distancé par le changement des costumes féminins :

« Il y a peu de jours, dit-il, la taille des
femmes illustres se dessinait en cœur ; actuellement celle des corsets se termine en

1799

ailes de papillon dont le sexe semble vouloir en tout se rapprocher et qu'il prend le plus souvent pour modèle. Hier, c'étaient les chapeaux *à la Paméla*, aujourd'hui les chapeaux *à l'anglaise*; hier elles se paraient de plumes, de fleurs, de rubans, ou bien un mouchoir en forme de turban les assimilait à des odalisques; aujourd'hui, leurs bonnets prennent la même forme que ceux de la femme de Philippe de Commines ; hier, leurs souliers élégants étaient chargés de rosettes et fixés au bas de la jambe avec un ruban artistement noué ; aujourd'hui, une grande boucle figurée en paillettes leur couvre presque entièrement le pied et ne laisse apercevoir que le bout d'un léger bouquet dont la broderie vient finir sur la petite pointe du soulier. Et que l'on ne croie pas que ce soit ici la caricature de nos illustres; à peine est-ce une légère esquisse de leurs folies, de leurs changements variés à l'infini. »

Les Merveilleuses survécurent de deux ans aux In- croyables ; Mᵐᵉ Tallien, cette éventée qui les personnifia si gracieusement, nous fournit un modèle de la dernière heure; elle vint chez Barras, à la fin de 1798, avec une robe de mousseline très ample, tombant en larges plis autour d'elle et faite sur le modèle d'une tunique de statue grecque; les manches étaient rattachées sur le bras par des boutons en camées antiques ; sur les épaules, à la ceinture, d'autres camées servaient d'attache; pas de gants ; à l'un des bras, un serpent d'or émaillé dont la tête était une émeraude.

Les bijoux se portaient en nombre aux bras, aux doigts, au cou, en bandeaux, en aigrettes sur turbans; on ne peut se faire une idée de la quantité innombrable de diamants alors en circulation ; les chaînes de cou, d'une longueur excessive, tombant jusqu'au genou, relevées et agrafées au- dessous du sein, étaient adoptées par la majorité des femmes. Des rivières de pierres précieuses et de diamants enserraient leur gorge ; les ceintures étaient gemmées et les perles

LES PETITS PATRIOTES
An VIII (1800).

UN SALON DE FRASCATI

An VIII (1800).

couraient en zigzags sur la gaze des robes et des coiffures ; les camées, mis en relief dans les toilettes de Mme Bonaparte, à son retour d'Italie, ornèrent les cheveux et le cou ; on vit jusqu'à des perruques enrichies de plaques et de ces colombes, dits *esprits,* en diamants.

Dans une lettre inédite à une amie très tendre, la citoyenne Bazin, établie à Rouen, le nommé Favières, auteur dramatique alors célèbre, expose à la date de fructidor 1798, le charme des femmes qu'il coudoie. Nous en extrayons ce curieux passage :

« La mise des femmes à Paris est délicieuse, ma chère sœur ; la manche de la robe ne descend que cinq à six doigts au-dessus du coude, les rubans croisés par derrière et passant sous les bras en faisant le tour sur chaque épaule, reviennent former une ceinture avec une rosette sur le côté ; la taille est courte, ce qui grandit singulièrement la plus petite femme. Presque toutes vont à pied ; beaucoup, parées comme des nymphes, relèvent le jupon et la robe par le côté et portent avec grâce tout le flot des plis rassemblés sur le bras, découvrant ainsi la jambe jusqu'au genou par devant et quelque peu de jarret par derrière.

« Au total, il faut bien avouer qu'elles ont une langueur, un charme, une coquetterie, un petit air coquin et abandonné qui damnerait un hermite. — Toujours la perruque blonde, et presque rien autre sur le corps que du linon, de la gaze ou du crêpe. Le soulier plat de satin vert pomme, le bas de soie blanc à coins de satin brodé rose ou lilas ; le chapeau très large et plat tombant sur les côtés comme un parasol, et le tout garni de rubans à grosses coques, la forme toute ronde sur la tête. — Je t'assure, il faut voir tout cela pour modeler ses habillements si l'on veut être muse comme elles le sont. — Le détail n'est rien en comparaison de la vue. »

L'anglomanie sévissait sur les mœurs et les modes non moins que *l'anticomanie*; pour certaines élégantes, rien

4

n'était de bon goût et de jolie façon si l'usage n'en était
pas établi à Londres. Ce fut au point que certaines
ouvrières françaises franchirent le détroit pour satisfaire
plus sûrement à leur clientèle ; elles retrouvèrent au delà
de la France l'ancienne maison de Mlle Bertin, la célèbre
modiste parisienne, ainsi que de nombreuses émigrées,
alors établies marchandes de modes, et qui avaient su vul-
gariser pour autrui le goût exquis qu'elles montraient
autrefois à la Cour pour elles-mêmes.

Du pays des brumes nous vinrent des douillettes bordées
de velours, le spencer bordé en poil, ouvert sur la poitrine
demi-nue, donnant aux dames un faux air Lodoïska ; les
bonnets paysanne, les dolmans, qu'on écrivait *dolimans*, et
une multitude de costumes d'un arrangement assez heureux.
— Les chapeaux-capotes en linon, en organdi, en dentelle
avec ganses perlées, furent bien accueillis sur la fin de
l'an VII ; on les portait de nuance blanche, rose, jonquille
ou bleue ; ils accompagnaient la mode des tabliers-fichus, de
couleur assortie ; ces tabliers formaient à la fois ceinture et
fichu ; on les nouait d'abord par derrière avec des rubans
en rosettes. Cette parure pouvait paraître au premier coup
d'œil un objet de luxe ; mais, dit un écrivain de modes, « si
l'on en venait à considérer la finesse transparente de la
robe qui servait souvent de chemise, on lui reconnaissait
la même utilité qu'aux tabliers des sauvages ».

Un citoyen « amateur du sexe », Lucas Rochemont,
songea, vers la fin du Directoire, à ouvrir un concours de
modes nouvelles entre les véritables élégants de France,
la mode primée devant porter le nom de sa créatrice. Il fit
part à La Mésangère de cet ingénieux projet dans la lettre
que voici :

« Vous parlez périodiquement, Citoyen, des prodiges de
la Mode, de ses formes multipliées, de ses succès inouïs ;
mais vous gardez le silence sur les séduisants objets qui

lui ouvrent une si brillante carrière. En effet, que serait la Mode sans les grâces du sexe charmant qui la fait admirer? Une fugitive qui échapperait à tous les yeux. Mais elle doit tout aux belles; et son élégance, et sa richesse, et sa simplicité; rien n'est bien, n'est beau sans leur concours. N'est-ce pas le bon goût qui admet telle ou telle folie de la Mode? et le bon goût n'est-il pas le cachet de la beauté? A ce titre, je voudrais, Citoyen, qu'à chaque époque qui nous amène une mode nouvelle, vous rendissiez justice à qui elle appartient, et que vous nommassiez celle qui l'a créée; ce serait un moyen d'émulation qui nous mettrait en mesure de connaître à qui nous sommes redevables de tel ou tel changement dans la parure des dames et qui nous ouvrirait un temple où chacun aurait la faculté de porter son encens aux pieds de la divinité à laquelle il accorderait la préférence. »

Ce projet original n'eut pas de suite, et cela est fâcheux, car, à part une vingtaine de jolies femmes à demi célèbres de l'entourage de Notre-Dame de Thermidor, nous ignorons presque complètement les noms des élégantes de l'époque du Directoire. Toutes ces nymphes et merveilleuses sont anonymes, toutes ces beautés grecques et romaines passent voilées, et l'histoire anecdotique reste aussi muette à leur égard que s'il s'agissait des pimpantes petites chercheuses d'amour des Prés-Saint-Gervais. Ces « beautés fières et majestueuses » se nomment Calypso, Eucharis, Phryné; elles ont tout laissé voir à travers leurs robes ouvertes aux Apollons du jour sous les ifs chargés de lampions septicolores de Frascati; mais, de cette longue mascarade dans les jardins d'Armide des bons républicains, peu de personnalités ressortent; l'eau de volupté qui brillantait leurs charmes d'éternelle jeunesse les a confondues dans une même vision idéale de charmeuses.

Quoi qu'il en soit, ces modes extravagantes qui, pour

ainsi dire, « essuyèrent les plâtres » de la société nouvelle,
ces modes folles, incohérentes, insaisissables que nous venons
de décrire d'une plume cursive, ces modes de nos *Impossibles*
peuvent être considérées comme les types fondamentaux
et transitoires qui influencèrent le costume civil de ce
XIXe siècle entier. A ce titre, elles mériteraient de trouver
leur monographe.

Nous voudrions voir écrire l'*Histoire des modes sous la
Révolution et le Directoire.* — Pour avoir à peine effleuré le
sujet, comme un hanneton éperdu dans cet immense vestiaire de gazes, nous n'en sommes pas moins assuré que ce
serait là un sujet passionnant pour quelque chercheur con-
vaincu, amoureux du passé et assez furieusement féministe
pour aimer à secouer toutes ces légères tuniques encore si
pénétrantes et si troublantes en raison des belles formes
voluptueuses et de la vie tout ivre de mouvement et de
plaisir qu'elles ont contenues.

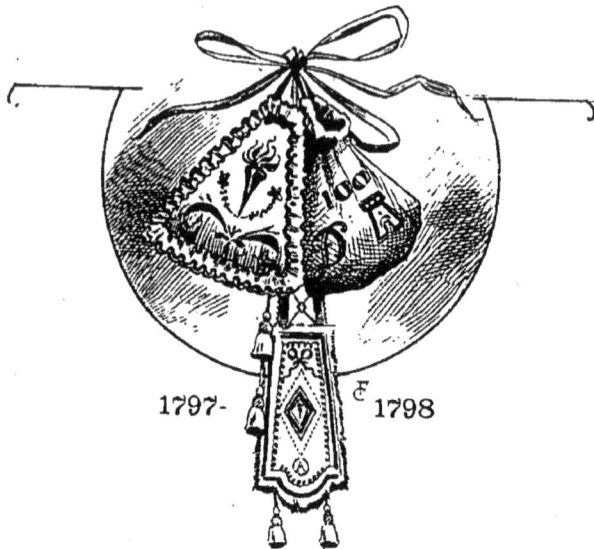

1797- 1798

LA PROMENADE DES TUILERIES

Un Élégant de l'An VIII.

LE SALON DE PEINTURE
An VIII (1800).

Le départ pour Cythère. 1800.

L'AURORE DU XIXe SIÈCLE

TYPES ET MANIÈRES DES DÉESSES DE L'AN VIII

Rien d'anormal, aucune fête, aucun acte ne signale le début du siècle — Janvier 1800, — ne commença que le 2 nivôse an VIII. Le tableau de Paris à cette date est assez curieux à exposer : Un arrêté du Bureau central, qui ordonne de fermer les spectacles et les bals publics à dix heures du soir, émotionne outre mesure les amis du plaisir. C'est une révolution dans les habitudes qui devient une grosse question du jour. Dans les clubs, les cafés-restaurants, dans tous les milieux du Paris qui s'amuse on ne parle que de cette tyrannie. — Que faire? On se prépare à souper après le théâtre comme aux temps galants de la

Régence ; les coquettes du monde, les déesses aux blanches tuniques disposent leurs boudoirs pour ces réunions nocturnes ; les petites *houris* songent également à attirer chez elles aux heures tardives les jeunes désœuvrés ; on organise partout des hospitalités vespérales, car nos Parisiennes aiment à veiller tard, à se distraire, jouer à la bouillotte et au reversis. On ne sent point, à cette aube encore indécise de notre siècle si prodigieusement fécond, une heure de repos, de réflexion, de gravité dans l'inconstance et la folle légèreté de ce peuple, où tout débute, finit, recommence par des chansons.

On se portait cependant en foule à l'exposition des tapisseries des Gobelins, dans la grande cour du Muséum d'histoire naturelle, ainsi qu'au Salon des artistes vivants, où des chefs-d'œuvre de grands maîtres, presque tous consacrés aux sujets mythologiques, remplissaient la galerie principale. Les allégories, les amours des dieux, les aperçus d'Olympe, les portraits d'actrice en vogue par les peintres de la nouvelle école, séduisaient ce public musard et sensible aux belles choses. Ces Danaé, ces Mars, ces Vénus, influençaient même la mode ; c'est ainsi que la *Psyché* de Gérard fit abandonner le fard aux coquettes et parvint à remettre en vogue une « pâleur intéressante ».

Les théâtres étaient très suivis. Par une étrange coïncidence, on y montrait presque partout différentes classes de citoyens menant la vie de famille : à Feydeau, en 1800, on donne *l'Auteur dans son ménage;* aux Jeunes Artistes, *le Peintre chez lui;* à l'Ambigu-Comique, on vient de représenter avec succès *l'Acteur dans son ménage;* enfin, à l'Opéra-Comique, il est question d'aller voir jouer sous peu de jours *Laure ou l'Actrice chez elle,* par la citoyenne Saint-Aubin. A la suite du citoyen Gosse qui nous présentait le poète dans son intimité, tous ses confrères, en quête d'une vogue passagère, avaient aussitôt suivi le genre; il est étonnant qu'on n'ait point vu paraître successivement sur la

scène le fournisseur, le musicien, et le journaliste au milieu
de leur progéniture. *Les Précepteurs*, ouvrage posthume de
Fabre d'Églantine, obtient également un grand succès au
Théâtre-Français de la République.

La Mode demeurait toujours le grand chapitre favori des
femmes; — on a beau crier contre elle, toujours elle
triomphe des indifférents qui la négligent ou des
envieux qui ne peuvent l'atteindre. — « Telle femme
(dit un écrivain anonyme de l'an VIII), qui se plaint
de la tyrannie de la Mode, a fait passer la nuit à
sa modiste parce qu'elle a vu la veille, à *Frascati*, dix chapeaux comme le sien. Jadis, ajoute-
t-il, la Mode avait une origine, un centre, des
époques fixes; aujourd'hui elle naît je ne sais où;
elle est maintenue par je ne sais qui, et finit je ne
sais comment... Qu'un extravagant se mette en tête
de se faire remarquer, un marchand d'utiliser un
coupon, une ouvrière de sortir de la foule : en
habits, en chapeaux et en robes, voilà du neuf;
le lendemain, trente furets auront dit : « Voilà
la Mode »; le surlendemain, rien n'était plus
délicieux, et le troisième jour une folie nouvelle
a fait oublier le chef-d'œuvre.

1800

« *Zélis* vient d'épouser un fournisseur, — continue le critique pour achever son portrait — : on n'avait jamais fait attention à ses yeux, à sa tournure, à son esprit; mais son voile,
sa *diligence* et son dernier bal en ont fait décidément une
femme à la mode. Elle est folle de peinture; elle a fait dé-
corer trois fois son boudoir; elle aime la belle musique et
possède une loge à l'Opéra-Comique; quant aux sciences, elle
n'a jamais manqué une ascension aérienne. D'ailleurs, *Zélis* a
des gens qu'elle querelle, des protégés qu'elle met en vogue,
des créanciers qu'elle ne paye point, un mari qu'elle fait
attendre, des bijoux et des amants qu'elle change à volonté. »

Ce croquis à la La Bruyère est piquant et fort ressem-
blant; les belles de l'an VIII ne courent plus après le sentiment et ne visent pas à l'esprit; elles spéculent pour plaire ;
on ne s'inquiète aucunement de leurs talents ou de leurs
mœurs, mais tout uniquement de leurs bonnes grâces et de
leur tournure. Ayant épuisé toutes les ressources de l'art,
elles n'essayent plus que le pouvoir de la nature et elles
montrent tout, depuis qu'elles n'ont plus rien à cacher.
Grâce aux nudités, remarquaient alors les observateurs de
la femme, les formes ont acquis un si grand développement qu'il y aurait bien du malheur si par l'ensemble on
ne sauvait pas les critiques du détail; celles qui n'ont pas
de figure ont une si belle gorge! celles qui n'ont pas de
gorge ont de si 'beaux bras! celles qui n'ont ni bras ni
gorge ont de si belles hanches, un visage si parfait, une
nuque si tentante! — Tout est jeunesse en 1800... tout
depuis *seize* jusqu'à soixante.

Le travestissement fit fureur un instant parmi ces
déesses qui rêvaient les apparences troublantes des androgynes; la manie de
porter culotte se généralisa dans le
monde des excentriques. Quelques ad-
mirateurs indulgents applaudirent à
cette innovation, qu'ils attribuèrent à
la difficulté de trouver un cavalier pour
flâner par la ville; aussi vit-on souvent
deux dames faire leurs courses, l'une
sous un costume de gentleman, redingote, pantalon et bottes; l'autre en *Hébé,*
mi-vêtue, heureuse de se pavaner aux
bals et spectacles au bras d'un petit roué,
dont la crânerie secouait son rire, à
l'heure des *quiproquos,* car le jeune cupidon femelle ne se faisait point faute de

1800

LES GALERIES DU PALAIS-ROYAL
An VIII (1800).

AUX TUILERIES EN 1802

En contre-bas de la Terrasse du bord de l'eau.

courir de belle en belle, œilladant, pinçant, jasant comme
un vrai petit diable. Des censeurs sévères, la face voilée,
déclaraient devant ces polissonneries que les audacieuses
républicaines n'étaient point seulement Grecques par l'habit,
mais plus encore par les mœurs, et que Sapho souvent endossait le frac pour plus aisément se mettre en quête
de Lesbiennes « inédites » et de petits tendrons
dignes d'attirer l'attention des anandrynes.

A Frascati, on rencontrait fréquemment de ces
coquettes jouant au dieu Mars ; c'étaient les derniers beaux jours de ce lieu de réunion ; on
y voyait encore, selon l'expression d'alors,
comme un fleuve de beautés humaines couler à
travers les galeries d'antiquités grecques et romaines, se répandre sous les portiques dans les
demi-salons, dans les petits appartements, puis
serpenter et se replier dans les contre-allées et se
perdre dans les kiosques où l'œil ne les suivait
plus. La grande glace du fond du jardin répétait à l'infini, dans un prisme merveilleux de
couleurs, cette houle de têtes enturbanées et
voilées, ces couples amoureusement enlacés qui

1800

se renouvelaient à chaque instant, tête contre
tête, tandis qu'au loin attablées, les nymphes assoiffées se
faisaient servir en plein air les crèmes variées, les *tutti
frutti* et les glaces de toutes formes dont elles étaient alors
si friandes.

Dans le jour, les promeneurs se rendaient au *Panorama*
que l'on venait de créer et qui donnait une vue d'ensemble
de Paris. Cette nouvelle rotonde, sans fenêtre et d'aspect
bizarre, amusait toute cette population badaude et faisait
événement ; le théâtre des Troubadours avait joué une
bluette à ce sujet, et un vaudeville imprimé dans *le Pro-
pagateur* avait grand succès ; on y chantait, sur l'air

5

Pour voir un peu comment qu'ça f'era, les couplets suivants :

> Paris pas plus grand que cela
> Jouit de succès légitimes.
> Un savant vous le montrera
> Pour *un franc cinquante centimes.*
> Or chacun donne et donnera
> Dans le Pano... (*bis*) Panorama.

> En toile grise on a bâti
> De gros murs de pierre de taille.
> Moi qui n'ai qu'*un mètre et demi,*
> Je suis plus haut que la muraille ;
> Aussi je donne pour cela
> Dans le Pano... *(bis)* Panorama.

L'activité des hommes de plaisir se portait toujours vers
le Palais-Royal ; le Cirque y avait été consumé deux ans
auparavant par un incendie, et, au lendemain du 18 Brumaire, il avait perdu son nom de Palais-Égalité. On y avait
établi un jardin où deux grands carrés de verdure se
trouvaient séparés par l'emplacement d'un bassin. Des
dix bals établis sous les galeries, quelques-uns
subsistaient encore. Le matin, le vice dormait en ces
lieux et le jardin était fort honnêtement fréquenté ;
mais, à partir de midi, les faiseurs d'affaires y arrivaient en foule ; c'est là que les agioteurs dégros-
sissaient les opérations de Bourse, conspiraient
pour la hausse ou la baisse et s'entendaient,
comme larrons en foire, pour assassiner le rentier.
La nuit venue, la scène changeait ; à peine les ré-
verbères étaient-ils allumés que la foule grossis-
sante roulait à flots bruyants autour des galeries ;
beaucoup de jeunes gens, une infinité de militaires,
quelques vieux libertins, maints désœuvrés, un
petit nombre d'observateurs, force filous, des

1801

filles à moitié nues; c'était le moment où tous les appétits, tous les intérêts, tous les vices se donnaient rendez-vous, se coudoyant, se heurtant, s'entremettant, où, tandis que les filles faisaient de l'œil, les escrocs jouaient des mains. « Il existe, écrivait Sellèque, un traité d'alliance offensive et défensive entre les reclusières de Vénus et les voleurs à la tire, et c'est ordinairement à frais communs que la *coalition* fait la guerre aux mouchoirs, aux montres, aux bourses et aux portefeuilles. Rien que pour faire cette constatation, il faut s'attendre à payer tôt ou tard un petit tribut; mais là comme ailleurs, on n'a rien sans risques. »

Dans ces galeries de débauche, les libraires mettaient en vente mille petits ouvrages obscènes que la police ne traquait guère; l'an VIII restera célèbre dans la mémoire des amateurs de confessions délicates et de galanteries dévoilées; les noms et adresses de toutes les filles de la capitale étaient vendus ouvertement sous forme de livrets avec le tarif de leurs caresses; les demi-castors venaient là dans une promiscuité inouïe; les maisons de jeu flambaient, et, parfois, on ramassait quelque malheureux, sanglant, râlant, en détresse qui venait de demander à son pistolet un viatique pour l'éternité.

Les femmes, en général, vivaient dans un désœuvrement funeste qui les poussait à toutes les complaisances des sens; elles s'étaient amollies peu à peu dans une existence aisée et dégradante, sans morale, sans guides, sans dignité d'elles-mêmes; la Révolution les avait mises à la rue, car elle n'avait pu ni su leur donner les joies de l'intérieur, les salons d'esprit d'autrefois, le goût des sentiments nobles et élevés. Elles glissaient dans le plaisir sans défense, sans agrément, d'une façon animale, n'ayant aucune croyance, aucune foi, aucune notion sincère du bien et du vrai.

Sébastien Mercier, le farouche républicain, qui ne devait mourir qu'en 1814 et qui pouvait constater les hontes et les désordres du nouveau régime, a écrit comme un *post-scriptum* à son *Nouveau Tableau de Paris;* les curieuses pages suivantes sur les nymphes accueillantes de l'an 1800.

« Jamais elles n'ont été mieux mises ni plus blanchement parées; le savon est devenu non moins indispensable que le pain. Elles sont toutes couvertes de ces schalls transparents qui voltigent sur leurs épaules et sur leurs seins découverts; de ces nuages de gaze qui voilent une moitié du visage pour augmenter la curiosité; de ces robes qui ne les empêchent pas d'être nues. Dans cet attrait de sylphe, elles courent le matin, à midi, le soir; on ne voit qu'ombres blanches dans les rues.

» ... Il faut que, pour elles, l'art éternise le printemps... Chaque aurore leur donne le signal ou le goût d'un plaisir nouveau, d'un spectacle extraordinaire, d'un bal paré, ou d'une ascension aéronautique

1801

avec détonation. Là, toutes ces ombres blanches sont pressées; pléiades de beautés sans poudre et dont les cheveux coupés auraient passé, il y a vingt ans, pour une marque de diffamation. Elles passent devant vous comme les figures d'un tableau; elles ont l'air d'être sans mains, mais elles vous parlent des yeux.

» Que penser de cette égalité de parures, de ces promenades journalières, de cette fréquentation assidue des spectacles? Elles occupent presque toutes les places, et on les retrouve encore la nuit à la clarté des illuminations.

LE PERRON DU PALAIS-ROYAL

(1802).

LES PLAISIRS DE LA MALMAISON
promenade dans le parc en 1804.

Le Pactole roule-t-il ses eaux au milieu de Paris? Qui
paye tous ces plaisirs? La capitale renferme-t-elle plus
de millionnaires qu'aucune autre ville du monde, et les
femmes y sont-elles les seules de l'univers qui jouissent
du privilège de se divertir sans cesse et de ne point
travailler?

» Lire des romans, danser, ne rien faire, sont les trois
règles de conduite qu'elles observent scrupuleusement... Il
y a vingt ans, les jeunes filles n'auraient pas hasardé un seul
pas hors de la maison paternelle sans leurs mères; elles
ne marchaient que sous leurs ailes, et les yeux religieuse-
ment baissés; l'homme qu'elles osaient regarder était celui
qu'on leur permettait d'espérer ou de choisir pour époux.
La Révolution a changé cette subordination; elles courent
matin et soir en pleine liberté. Se promener, jouer, rire,
tirer les cartes, se disputer les adorateurs, voilà leur unique
occupation. Plus de ciseaux, plus de dés; elles ne connais-
sent d'autres piqûres que celles que
décoche l'arc du petit dieu ailé, et ces
piqûres sont encore légères; à peine
sorties de l'enfance, elles sont plutôt guéries que blessées.

» ... Il n'y a point de promenade, — écrit comme un trait final
l'observateur parisien, — où on ne
voie des enfants de près de deux ans,
mollement assis sur des genoux
de dix-huit... Combien un ruban, un chapeau de fleurs, une
robe à paillettes, deviennent
des objets de puissante séduction, dans une ville où les bals
sont en permanence, où les
vierges de douze ans vont très

1801

souvent seules, où le violon des maîtres de danse est leur unique directeur! La débauche est prise pour de l'amour; la débauche est érigée en système, et des unions précoces nous préparent une génération affaiblie. »

C'est certainement là un des meilleurs écrits de ce minutieux annotateur Sébastien Mercier, et il fixe mieux que beaucoup d'autres l'état des mœurs aux premiers jours du Consulat, alors que le libertinage créé par le Directoire était encore à son apogée.

1802

La société française trouva un réorganisateur dans Bonaparte, qui sut discipliner la liberté licencieuse dont la population était repue, en fondant le droit civil, cent fois plus précieux pour la nation que le droit politique. La France revint à toutes ses traditions religieuses et intellectuelles; elle se releva sous la certitude absolue d'un lendemain.

Après le 18 Brumaire, l'empire spirituel des femmes reprit peu à peu sa souveraineté douce et consolante dans les sphères mondaines; les salons revinrent en honneur, la conversation eut son tour : on causa. Depuis près de huit années, la conversation était exilée de son pays d'origine. Ce retour aux usages, aux entretiens de la bonne compagnie eut lieu à la fois dans divers foyers, à la cour consulaire, dans le salon de Joséphine et surtout chez Mmes de Staël et Récamier. Tandis que Bonaparte reconstituait solidement l'édifice social, l'ex Mme de Beauharnais attirait à ses fêtes toutes les forces vives de l'intelligence, ainsi que les représentants autorisés de la France nouvelle; elle accueillait autour d'elle les compagnons de gloire de son mari, ainsi que les artistes, les savants et les membres de l'Institut. Alors que le vainqueur de Lodi gouvernait, elle régnait par la grâce ou plutôt elle charmait par sa bonté conciliante, par ses manières un peu frivoles et ses coquetteries innées.

Le salon de Mme Bonaparte aux Tuileries ne fut guère ouvert qu'en ventôse an VIII ; les femmes qui le composèrent, à cette époque de consulat *préparatoire*, étaient, selon Mme d'Abrantès : « Mme de La Rochefoucauld, petite bossue, bonne personne, quoique spirituelle, et parente de la maîtresse de céans ; Mme de La Valette, douce, bonne et toujours jolie ; Mme de Lameth, un peu sphérique et barbue ; Mme Delaplace, qui faisait tout géométriquement, jusqu'à ses révérences pour plaire à son mari ; Mme de Luçay ; Mme de Lauriston, toujours égale dans son accueil et généralement aimée ; Mme de Rémusat, femme supérieure (dont on connaît et apprécie les très curieux *Mémoires*) ; Mme de Thalouet, qui se rappelait trop qu'elle avait été jolie et pas assez qu'elle ne l'était plus ; Mme d'Harville, impolie par système et polie par hasard. »

Telle était, d'après la malicieuse et bavarde épouse de Junot, la composition première de l'entourage de Joséphine ; mais bientôt d'autres femmes, jeunes, jolies, aimables, ne tardèrent pas à venir briller aux Tuileries. De ce nombre étaient : Mme Lannes, une beauté dans toute sa splendeur ; Mme Savary, plus jolie que belle, mais élégante jusqu'à l'extravagance ; Mme Mortier, future duchesse de Trévise, douce et touchante ; Mme Bessières, gaie, égale d'humeur, coquette et d'une réelle distinction ; Mlle de Beauharnais, dont chacun aujourd'hui a appris à connaître les mérites et l'histoire ; Mme de Montesson, qui tenait salon avec munificence et dont les dîners du mercredi étaient

1802

alors excessivement recherchés pour leur service hors ligne ; enfin nombre de dames jeunes et presque toutes spirituelles dont la nomenclature risquerait d'être interminable.

La société des Tuileries était trop officielle ; c'est à la Malmaison que l'on retrouvait l'intimité des petits cercles rieurs et les causeries délassantes. On y jouait la comédie, on y prenait ses plaisirs comme l'ancienne cour à Trianon ; après le dîner, le Premier Consul ne dédaignait pas de faire une partie de barres avec ses aides de camp ou de se faire banquier au jeu du vingt-et-un. La Malmaison, c'était le séjour favori de Joséphine ; elle aimait s'y promener avec ses compagnes au milieu des kiosques, des bergeries, des chaumières, autour des petits lacs où les cygnes noirs et blancs apportaient la vie. Dans cette simple maison, d'où le grand luxe était exclu, elle vivait selon son cœur, loin des tracas de cette cour naissante qui lui était imposée par l'ambition de son maître, ne se doutant pas encore qu'un jour prochain viendrait où la raison d'État la conduirait dans cette paisible retraite, comme dans un caveau d'exil, après un divorce éclatant et cruel.

Le salon de Mme de Staël, avant qu'elle quittât Paris par ordre de Bonaparte, qui favorisa si peu sa plus sincère admiratrice, était plutôt une sorte de *bureau d'esprit*, un véritable salon de conversation ; on en retrouvera bien des aspects dans le roman de *Delphine*.

« Elle recevait beaucoup de monde, dit Mme de Rémusat ; on traitait chez elle avec liberté toutes les questions politiques. Louis Bonaparte, fort jeune, la visitait quelquefois et prenait plaisir à la conversation ; son frère s'en inquiéta, lui défendit cette société et le fit surveiller. On y voyait des gens de lettres, des publicistes, des hommes de la Révolution, des

LES GALERIES DE BOIS DU PALAIS-ROYAL
(1803).

SALLE DE THÉATRE DE STRASBOURG

Un bal officiel en 1805.

grands seigneurs. Cette femme, disait le Premier Consul, apprend à penser à ceux qui ne s'en aviseraient point ou qui l'avaient oublié. »

Mme de Staël avait le goût des conversations animées et poussait ce goût jusque sur les discussions auxquelles elle ne prenait point part : « On l'amusait, écrit le duc de Broglie, en soutenant avec vivacité toutes sortes d'opinions singulières, et chacun s'en donnait le plaisir. On se battait à outrance dans sa société, il se portait d'énormes coups d'épée, mais personne n'en gardait le souvenir... Son salon était cette salle d'Odin, dans le paradis des Scandinaves, où les guerriers tués se relèvent sur leurs pieds et recommencent à se battre. »

Cependant Mme de Staël ne conservait pas sous le Consulat la haute action politique qu'elle avait eue précédemment

1802

dans le *cercle constitutionnel* où régnait son ami Benjamin Constant ; ceux qui se rendaient à ses réunions étaient tenus pour suspects, et les courtisans du futur Empereur ne fréquentaient point par prudence le cénacle de l'auteur des *Lettres sur Rousseau*. Un remarquable dessin de Debucourt, de la collection Hennin, à la Bibliothèque nationale, représente une *Conférence de Mme de Staël*, par une belle soirée d'été, au jardin du Luxembourg ; hommes et femmes font cercle autour d'elle, et la conversation semble fort animée.

Le salon de Mme Récamier, rue du Mont-Blanc, puis à Clichy-la-Garenne, était plus spécialement littéraire que celui de *Delphine* ; ce fut un véritable terrain de conciliation pour tous les partis, car la politique n'y trouvait aucun écho ; la beauté éclatante de la maîtresse de céans la fit non moins

6

célèbre que son esprit ne la rendit aimable. Les portraits
que nous ont laissés d'elle Gérard et David nous font comprendre l'admiration qu'elle rencontra partout où sa fraîcheur d'Hébé et la grâce de son sourire de dix-huit ans se
montrèrent. A cette époque où la société se composait de
tant d'intérêts contraires, de passions hostiles, de profes-
sions différentes et de prétentions exagérées, les réunions semblaient pleines d'aspérités et les convenances
n'avaient pas encore suffisamment pris le dessus pour
qu'on n'eût pas à craindre à tout instant des chocs, des
froissements, des heurts de vanités manifestes. Le talent
de Mme Récamier fut d'apporter l'apaisement, la concorde,
la bienveillance dans le milieu où régnaient ses charmes.
Dans son salon, les nobles susceptibilités des gens de lettres
furent un moment aux prises avec l'arrogance du sabre ;
mais la charmante hôtesse préféra constamment l'homme de
talent à l'homme en place, et l'artiste sincère au simple
courtisan.

« Mme Récamier, nous raconte l'auteur des *Salons de Paris*, est la première personne qui ait eu
une maison ouverte où l'on reçut ; elle voyait
d'abord beaucoup de monde par l'état de son
mari ; ensuite, pour elle, il y avait une autre
manière de vivre, une autre société que celle
que nécessairement son goût ne pouvait comprendre avec ces hommes qui savent et con-
naissent la vie. Portée à la bonne compagnie
par sa nature, aimant ce qui est distingué, le cherchant et voulant avoir un
bonheur intérieur dans cette maison où le
luxe n'était pas tout pour elle, et où son cœur
cherchait des amis, elle se forma une société
et, malgré sa jeunesse, elle eut la gloire dès ce moment de servir de règle et de modèle aux femmes. »   1802

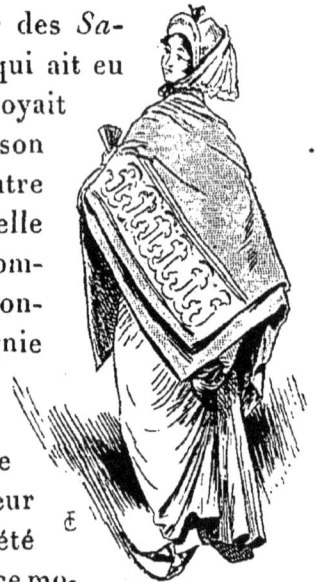

On rencontrait chez elle Garat, avec le charme de son chant fêté et acclamé de toutes parts, M. Dupaty, Hoffmann, Benjamin Constant, M. Després et son malicieux badinage, Adrien et Mathieu de Montmorency, M. de Bouillé et souvent aussi M. de Chateaubriand, le grand ami, le demi-dieu des jours à venir, M. de Bonald, M. de Valence, M. Ouvrard, Lucien Bonaparte et tous les hommes de bon ton, de manières courtoises, qui affectaient l'extrême quintessence du savoir-vivre. Les ambassadeurs, les généraux, les anciens révolutionnaires et les royalistes se voyaient là en bonne intelligence, semblant avoir abdiqué toutes leurs passions politiques. Mme de Staël manquait rarement aux fêtes intimes de sa jeune rivale, chez laquelle elle se plaisait à reconnaître un esprit supérieur et comme un doux parfum de beauté, de modestie et de vertu parfaite. Parmi les dames de ce salon, on citait lady Holland,

1803

Mme de Krüdener, Mlle de Sévrieux, Mme Junot, Mme Visconti, lady Yarmouth, et tout ce que Paris comptait de notabilités parmi la grande société française et étrangère.

Ce fut chez Mme Récamier que se donnèrent les premiers bals en règle dans une maison particulière après la Révolution. Ces fêtes étaient très suivies, et la délicieuse Juliette savait varier sans cesse l'attraction de ses soirées; c'était tantôt un concert, tantôt une lecture littéraire, tantôt un spectacle entre deux paravents; non seulement on y était reçu avec une grâce et une simplicité touchante, mais encore on pouvait admirer cette délicieuse jeune femme, semblable aux heures d'Herculanum, dansant un pas avec tambour de basque ou scandant la *danse du schall*, qu'elle avait inventée et qui faisait valoir la splendeur de sa poitrine et de ses bras nus, la merveilleuse proportion de son corps enveloppé d'une

tunique à la *prêtresse*, garnie de fleurs et de dentelles. Le vieux chevalier de Boufflers, qui venait d'être rayé par le Premier Consul de la liste des proscrits et qui revenait en France pour y reprendre esprit, disait de Mme Récamier : « Jamais on n'a vu mieux danser avec ses bras ».

Un autre salon moins brillant, mais qui eut son influence, était celui de Mme de Genlis, à l'Arsenal. Cet inépuisable bas-bleu approchait alors de la soixantaine; Bonaparte, qui la jugeait inoffensive aussi bien par son talent que par ses opinions, la rappela d'exil, lui donna une pension assez considérable avec le logement à la bibliothèque de l'Arsenal et le droit de prendre dans cette bibliothèque tous les livres qu'elle jugerait nécessaires à son usage. Mme de Genlis prit un jour de réception : le samedi; chaque semaine, son salon fut de plus en plus fréquenté par le monde littéraire et artiste; on composait et jouait des proverbes, on faisait de la musique; parfois Millevoye, le mélancolique poète, disait de sa voix lamentable et touchante, qui était si bien en harmonie avec son visage de jeune désespéré, quelque élégie sombre et frileuse dont la note attristée mettait des larmes aux cils des femmes; d'autres fois, c'était Dussault qui lisait avec une certaine pédanterie ses principales causeries critiques du *Journal des Débats*, ou quelques considérations sur *la Littérature dans ses rapports avec les institutions sociales;* le comte Elzéar de Sabran, frère de Mme de Custine, récitait ses fables avec esprit; M. Fiévée contait le canevas de la *Dot de Suzette*, et la nièce de Mme de Montesson ne se faisait pas prier pour lire des chapitres de ses romans en cours. Parmi les auditeurs, tout un monde académique : MM. Chaptal, La Harpe, Fontanes, M. le comte de

1803

LE DÉPART DE LA VOITURE DE SAINT-CLOUD
Place de la Concorde (1806).

LA GALERIE DU MUSÉE DU LOUVRE
(1806).

Ségur, Radet, Sabattier de Castres, Choiseul-Gouffier, le cardinal Maury et même M. de Talleyrand.

Dans le camp des femmes, on ne voyait que bas-bleus du ton le plus tendre au plus foncé : MM^mes de Chastenay, « adaptatrice » de romans étrangers; la comtesse Beaufort d'Hautpoul, amie des Muses; Mme Kennen, nouvelliste; Mme de Vannoz, auteur du poème de la *Conversation*, joli clair de lune du poète Delille, et enfin Mme de Choiseul-Meuse, femme d'esprit aimable, qui ne dédaignait pas d'écrire des contes badins qui étaient comme un écho affaibli des *crébillonnades* du xviiie siècle. Au demeurant, ce fut un salon qui, bien qu'ouvert à deux battants, sentait terriblement le renfermé, distillait l'ennui, et où, selon le joli mot de Bonaparte, quand Mme de Genlis voulait définir la vertu, elle en parlait toujours comme d'une curieuse et bizarre découverte.

Un dernier salon littéraire en faveur à cette époque où l'esprit des belles-lettres et des arts revenait en France, était celui de Lucien Bonaparte dont Fontanes, Legouvé, Joseph Chénier et Népomucène Lemercier, Chateaubriand et Dorat-Cubières étaient les hôtes assidus. Les réceptions se multipliaient de jour en jour davantage ; sur la fin du Consulat, c'était à qui, dans le monde officiel et dans la haute finance, tiendrait plus brillante assemblée à Paris ; aussi Gallais, l'observateur des mœurs du jour, notait avec clairvoyance cette singulière manie des réceptions dans des petites pages philosophiques qui semblent écrites d'hier : « Ceux qui jouissent d'une grande fortune, écrivait-il, ont encore le petit défaut de recevoir de nombreuses sociétés. On veut avoir beaucoup de carrosses à sa porte, beaucoup de convives à sa table, la foule dans son salon ; on veut

1803

faire dire qu'on a *Tout Paris*, on veut que les passants
émerveillés du grand nombre de fenêtres éclairées s'é-
crient : « Que cela est beau ! qu'ils sont heureux là-
« dedans! » et pourtant on y bâille, on y périt de tristesse,
et, sans la petite vanité de pouvoir dire le lendemain :
« J'étais au bal du duc de W..., au dîner de M. de
» R... », on resterait volontiers chez soi. »

Les deux plus grandes passions des Déesses de l'an VIII
furent la gloire et le plaisir ; assister aux revues, aux parades,
voir défiler dans les rues nos troupes victorieuses qui marchaient sur les fleurs et le soir courir au bal, aux soirées
officielles, aux théâtres, telle fut la vie de notre société parisienne lorsque le Consulat fut solidement assis. Les trois
sœurs du Premier Consul, Mmes Élisa Baciocchi, Pauline
Leclerc et Caroline Murat, rivalisaient de luxe et étaient à
la tête du mouvement mondain, ainsi que Mmes Regnault
de Saint-Jean-d'Angély, Méchin, Visconti,
Hainguerlot, après toutefois Mme Bonaparte
qui n'abdiquait pas le sceptre de la haute mode
et de l'élégance la plus décorative. Les émigrés
qui étaient rentrés en France eurent le pouvoir
de ressusciter les anciens bals de l'Opéra
qui depuis dix ans avaient disparu des
divertissements publics. Le 24 février 1800,
la salle de la rue de Louvois fut ouverte à
une foule travestie et masquée, qui venait
là assoiffée de bruit, de couleur, d'intrigues. Les femmes de tous les mondes rê-
vèrent de longs jours sur la confection de
leurs costumes et dominos pour ces bals de

1803

carnaval qui furent très brillants et pleins de fantaisie.

Les dominos noirs et de couleur étaient cependant en majorité; les hommes portaient le frac et le masque. Bosio nous a laissé du bal de l'Opéra une estampe précieuse qui représente la salle en pleine animation. La grande affaire était d'intriguer sous l'incognito. « On raconte, dit le Bibliophile Jacob, que Mme Récamier, si charmante et si séduisante à visage découvert, perdait sous le masque toute sa timidité, quoiqu'elle ne se fût jamais décidée à employer le tutoiement autorisé dans ces causeries aventureuses. Les hommes d'État, les plus grandes dames, les princes eux-mêmes aimaient à se montrer au bal de l'Opéra. Dans un de ces bals, le prince de Wurtemberg reconnut Mme Réca-mier qui refusait de se faire connaître; il lui

1803

enleva une bague en se promenant et lui écrivit le lende-main : « C'est à la plus belle, à la plus aimable, mais » toujours à la plus fière des femmes que j'adresse ces » lignes en lui renvoyant une bague qu'elle a bien voulu » me confier au dernier bal. » — Le bal de l'Opéra conserva jusqu'à la fin de l'Empire, si nous en croyons les contem-porains, le ton et le caractère du plus grand monde.

Les quelques émigrés qui avaient pu ouvertement revenir de l'étranger avaient apporté une certaine confusion dans les modes. Quelques-uns arboraient la bourse à cheveux et les dentelles, d'autres la perruque poudrée, divers autres la queue; il y eut antagonisme entre les perruquiers de l'ancien régime et les coiffeurs modernes. La coiffure de Bonaparte favorisa les Titus, mais la tenue des récalcitrants faisait une véritable mascarade dans la rue.

Les femmes qui poussaient à l'ancien régime, par caprice ou par coquetterie, étaient cependant ennemies de la poudre,

parce qu'elles tremblaient que la réforme ne les
atteignît, et qu'on ne finît par les grands paniers,
après avoir commencé par les chignons et les
crêpés. Elles voyaient juste, car quelques douairières de la cour de Louis XV avaient soutenu
qu'on ne pouvait être jolie avec les modes grecques
et romaines, et que la corruption des mœurs ne
datait que du moment où on avait porté les cheveux courts et des robes qui dessinaient les formes.

Mᵐᵉ Bonaparte était à la tête de l'opposition; il lui appartenait de défendre la grâce
et le bon goût; de plus, elle détestait la gêne
et la représentation trop officielle; les vêtements empesés lui faisaient peur. La toilette
cependant était une partie de sa vie; mais il
lui fallait les costumes du jour, les robes
décolletées à taille haute, les vêtements sou-

1804

ples, la coiffure romaine avec bandeau, bandelettes sous
une résille d'or lui enveloppant la tête. On ne conçoit
pas Joséphine en perruque poudrée, avec jupes à falbalas; elle n'avait pas les grâces mièvres et délicates des
femmes du règne de Louis XVI; sa nature puissante n'avait
point besoin d'être étoffée; une robe de cachemire moulant
son torse et laissant les bras et la poitrine à nu, une tunique
à la Cornélie, voilà ce qu'il fallait à sa beauté exubérante
Les nombreuses toilettes que lui fournissait Leroy ou
Mˡˡᵉ Despaux, bien que d'une richesse extrême de garniture,
étaient toujours d'une coupe savante, voluptueuse et simple.

Les femmes les plus attentives à suivre la mode portaient
sous le Consulat de longues jupes de perkale des Indes,
d'une extrême finesse, ayant une demi-queue et brodées
tout autour, telles que Mˡˡᵉˢ Lolive et Beuvry, les lingères
à la mode, avaient le génie de les exécuter; les ornements

du bas étaient des guirlandes de pampres, de chêne, de
laurier, de jasmins, de capucines. Le corsage des jupes était
détaché ; il était taillé en manière de *spencer* ; cela s'appelait
un *canezou* ; le tour et le bout des manches *Amadis* étaient
brodés de festons ; le col avait pour garniture ordinaire du
point à l'aiguille ou de très belles malines... — Sur la tête on
avait une toque de velours noir, avec deux plumes blanches ;
sur les épaules, un très beau schall de cachemire de couleur
tranchante ; quelquefois on attachait à la toque noire un
long voile de point d'Angleterre, rejeté sur le côté ; la
toilette était de la sorte aussi élégante que possible. On
voyait également des redingotes de mousseline de l'Inde
doublées de marceline et brodées *en plein* d'un semis de
fleurs ou d'étoiles ; toutes les femmes, au premier temps
du Consulat, apparaissaient neigeuses, dans une symphonie
de blanc. Le règne des cheveux à la Titus passa peu à peu ;
on se coiffa avec des *regrets* assortis, avec les mèches de
cheveux abaissés sur le front ; la mode des turbans et des
chapeaux de satin reprit faveur : presque tous
étaient blancs. Voici, du reste, d'après La Mésangère, quelques indications de costumes
précieuses à noter :

« Encore des voiles sur la tête, encore des
demi-fichus de tulle avancés sur les joues ; des
turbans ovales, des chapeaux de crêpe ou de
florence très négligemment drapés, quelques
capotes anglaises à fond rond et plat, ayant
par devant un très large bord, qni, prenant la direction du fond, forme voûte
et met le visage dans un enfoncement.
Quelques Titus, force coiffures en
cheveux longs, perpendiculairement
relevés et fixés, ce que l'on nomme
à la chinoise, sur le sommet de la

1804

7

tête. Pour le matin, des cornettes à peine nouées sous le menton ou des calottes de tulle brodé auxquelles s'adapte quelquefois une longue et large barbe qui fait tour et demi. Pour monter à cheval, des chapeaux de feutre à long poil, d'un gris roussâtre, dont le bord est relevé tantôt à droite, tantôt à gauche, quelquefois sur le devant, et qui ont pour ornement une ou deux plumes d'autruche frisées de la couleur du chapeau. » — Telles étaient, au début du siècle, les principales coiffures à la mode.

Parmi les bijoux, on citait, comme article d'un grand débit, les croix bordées de perles ou de diamants et les bracelets formés d'un ruban d'or tricoté. Les peignes à l'antique exerçaient toujours l'industrie des joailliers ; on renchérissait chaque jour sur l'élégance et sur la pureté d'exécution des dessins du cintre où les diamants, les pierres fines et les camées trouvaient place. Les douillettes commençaient à se répandre ; on les portait longues, rasant la terre, avec grandes manches retroussées sur le poignet et collet en rotonde. La couleur était bronze florentin, ramoneur foncé, gros bleu ou puce. Les spencers, généralement en florence noir, avaient de très petits revers et le collet en rotonde. Après les schalls longs de cachemire et les schalls carrés de drap fin, brodés en or, ceux qui étaient le plus en vogue étaient les schalls de six quarts, en perkale teinte en rouge cramoisi, en brun terre d'Égypte ou en gros bleu, ayant pour bordure une broderie au crochet, de soie de couleur. Des différentes manufactures des environs de Paris sortaient des schalls teints, à grands ramages, que

1804

l'on nommait schalls turcs parce que leurs dessins affectaient une allure orientale. Pour les demi-parures, quelques élégantes faisaient broder en blanc des demi-fichus de tulle ponceau, amarante ou gros vert.

Les éventails étaient de crêpe noir, blanc ou brun, brodés de paillettes d'or, d'argent ou d'acier. Les dessins formaient des arabesques, des saules pleureurs, des cascades et des gerbes; ces éventails étaient relativement petits, cinq ou six pouces de longueur. Les montres de cou, avec cadrans à recouvrement de fleurs, se portaient plus que jamais parmi les élégantes. Les gants étaient très hauts, couvrant le bras entièrement et sans boutons, soit blancs, soit paille, soit d'un ton vert passé exquis. Jamais les femmes ne portèrent mieux le gant plissé qui s'harmonisait si délicieusement avec les costumes du temps.

Le langage, la table, les meubles, tout était devenu la proie de la mode; la variété dans le luxe était portée à un tel point qu'une femme mise à *la romaine* se croyait tenue de recevoir dans un appartement *romain* et cette même femme, par esprit de genre, devait faire chaque jour non seulement sa toilette mais celle de son appartement.

1804

Se mettait-elle en grecque? vite, les meubles grecs; — prenait-elle le turban et la tunique turcs? aussitôt les sophas et les tapis de Turquie déployaient leur coloris éclatant; — se vêtait-elle en Égyptienne? il fallait sortir momies, sphinx, pendule en monolithe, et disposer à l'instant en tente orientale sa chambre de réception. Le meuble favori était le lit qui était ordinairement de citronnier ou d'acajou, forme bateau, avec ornement en or pur finement ciselé; les cachemires et les mousselines des Indes, bordés de dentelles,

étaient employés pour rideaux ; les coussins se recouvraient de point anglais ; les couvertures, de satin brodé. On se ruinait pour un lit de parade.

Dans les réceptions, tous les appartements étaient grands ouverts et éclairés, et, tandis que la maîtresse du logis s'occupait très gracieusement des soins de son salon, les invités étaient admis à se promener partout, en curieux, admirant les canapés antiques, la chambre grecque, le lit romain et le boudoir chinois.

La société d'alors, dans son milieu flottant, était encore on ne peut plus mélangée. Il existait à peine une ligne de démarcation entre ce qu'on appelait jadis *la bonne* et *la mauvaise compagnie*. Dans les réunions en public tout se confondait, les *filles* et les femmes du monde, les nobles et les parvenus ; la société ne réglant plus les rangs, chacun était forcé de conserver jalousement le sien.

Les grands dîners, au dire des contemporains, n'étaient plus qu'un monstrueux rassemblement de gens qui ne s'étaient jamais vus ou qui n'osaient s'avouer l'endroit où ils avaient fait connaissance ; il n'y avait là qu'un rapprochement d'êtres que le hasard ou l'opinion semblait avoir séparés pour jamais, un mélange où chacun redoutait de demander quel était son voisin, un chaos où l'on voyait tous les partis paraître d'abord réunis et montrer tour à tour le bout de l'oreille dans la discussion ; une réunion de femmes qui racontaient tout haut ce que jadis elles eussent rougi de faire même en secret ; un assemblage de jeunes gens bruyants, provocants, inouïs de fatuité ; une confusion où l'on parlait tout à la fois de politique, de mode, de parties fines, d'intrigues, de spectacles et de spéculation.

Au moment des jours gras, tous les lieux publics n'offraient à Paris qu'une masse mouvante, tant l'affluence y était grande ; tous les passages, toutes les rues étaient obstrués par les mascarades, plus ou moins plaisantes, plus ou moins ridi-

UNE HALTE AU PARC DE BAGATELLE

Costume de sport en 1807.

LE BOULEVARD DES PETITS SPECTACLES
(1808).

cules, que la foule suivait avec des clameurs de gaieté bien
voisines de la folie et de l'extravagance ; chaque guinguette
semblait être un temple de Bacchus livré aux excès et à l'in-
tempérance des Bacchantes ; chaque cabaret devenait le
théâtre bruyant d'une orgie où les grosses farces excitaient
à grands cris le gros rire d'une multitude grotesque ; chaque
maison même avait son bal masqué, et depuis les plus petits
jusqu'aux plus fortunés, tous les habitants de Paris consa-
craient les *jours gras* par quelque réjouissance extraordinaire ;
partout c'était un dîner de famille, une réunion de carnaval
où la folie, agitant tumultueusement ses grelots, — comme on disait alors, — électrisait
toutes les têtes ; partout les ris, les plaisirs et la
danse, exhalant toutes les peines passées, effaçant les malheurs présents, ne laissaient pour
toute sensation à leurs disciples en démence que
le délire d'une joie extravagante ; l'eau, le
gigot et les pommes de terre, disgraciés
et proscrits de toutes les tables faisaient place à la dinde, grasse et do-
due, extraordinairement arrosée
par le *vin à quinze*; l'oie farcie se
montrait orgueilleusement sur les
tables bourgeoises et modestes, où
le poulet trop vulgaire ne semblait plus de mise.

1804

La classe opulente, dégagée ces jours-là de toute morgue,
libre de toute fierté, cette classe non moins folle, non moins
extravagante que celle où le besoin met malheureusement des
bornes aux désirs et à la gaieté, se livrait, de son côté, à toute
l'avidité des plaisirs ; et le luxe, favorisant à grands frais
les caprices ruineux de la coquetterie et le faste de l'orgueil,
créait, pour ainsi dire, des tableaux enchanteurs que l'œil,
agréablement surpris, ne pouvait se lasser d'admirer.

« Les révolutionnaires enrichis commençaient à s'emmé-

nager dans les grands hôtels vendus du faubourg Saint-
Germain raconte, à la date de son arrivée à Paris,
Chateaubriand dans ses *Mémoires d'outre-tombe*. En train
de devenir barons et comtes, les Jacobins ne parlaient que
des horreurs de 1793, de la nécessité de châtier les prolé-
taires et de réprimer les excès de la populace. Bonaparte,
plaçant les Brutus et les Scævola à sa police, se préparait à
les barioler de rubans et à les salir de titres... Entre tout
cela poussait une génération vigoureuse, semée dans le sang
et s'élevant pour ne plus répandre que celui de l'étranger;
de jour en jour s'accomplissait la métamorphose des républicains en impérialistes, et de la tyrannie de tous dans le
despotisme d'un seul. »

Passons donc à l'Empire, pour passer en revue, en dehors
de tous événements historiques, les plus manifestes fantaisies
de la Mode ainsi que les grandes coquettes dans le pompeux
décor de la glorieuse Épopée impériale.

SOUS LE PREMIER EMPIRE

LE LUXE FÉMININ A LA COUR ET A LA VILLE

Le cercle intime de l'Impératrice, aux premiers jours de l'Empire, ce petit cercle d'où partait en somme un vague mot d'ordre sur le goût et la mode de la parisienne dont l'écho se répétait si loin, ce cercle était aimablement organisé sans trop d'apparat ; tout y était gai, futile et bon enfant; on n'y voyait pas ces intrigues de palais qui en firent par la suite un endroit si périlleux, si rempli d'invisibles embûches pour les courtisans. A cette époque on recevait une ou deux fois par semaine quelques hommes de guerre, de sciences et de lettres à souper aux Tuileries.

« On s'y rendait à huit heures, raconte Mme de Rémusat, si précise sur tous les détails intimes des Tuileries; on arborait une toilette recherchée, mais sans habit de Cour; on jouait dans le salon du rez-de-chaussée qui fut plus tard celui de Madame. Quand Bonaparte arrivait, on passait dans une salle où des chanteurs italiens donnaient un concert qui durait une demi-heure; ensuite on rentrait dans le salon et on reprenait les parties; l'Empereur allant et venant, causant ou jouant selon sa fantaisie. A onze heures, on servait un grand et élégant souper : les femmes seules s'y asseyaient; Le fauteuil de Bonaparte demeurait vide; il tournait autour de la table, ne mangeait rien, et, le souper fini, il se retirait. A ces petites soirées étaient toujours invités les Princes et les Princesses, les grands officiers de l'Empire, deux ou trois ministres et quelques maréchaux, des généraux, des sénateurs et des conseillers d'État avec leurs femmes. Il y avait là de grands assauts de toilettes; l'Impératrice y paraissait toujours, ainsi que ses belles-sœurs, avec une parure nouvelle et beaucoup de perles et de pierreries. Elle a eu dans son écrin pour un million de perles.

» On commençait à porter beaucoup d'étoffes lamées en or et en argent, et la mode des turbans s'établissait à la Cour; on les faisait avec de la mousseline blanche ou de couleur, semée d'or, ou bien avec des étoffes turques très brillantes; les vêtements peu à peu prenaient une forme orientale. Les dames de la Cour mettaient, sur des robes de mousseline richement brodées, de petites robes courtes, ouvertes sur le devant, en étoffe de couleur, les bras, les épaules, la poitrine découverts. »

Rappelons que les femmes composant la maison de l'Impératrice étaient les suivantes: Dame d'honneur, Mme de La Rochefoucauld; Dame d'atours, Mme de La Valette; Dames du Palais, Mmes de Rémusat, Duchâtel, la duchesse de Bassano, d'Arberg, de Mortemart, de Montmorency, de Marescot, de Bouillé, Octave de Ségur, de Chevreuse,

Philippe de Ségur, de Luçay, la maréchale Ney, la maréchale Lannes, la duchesse de Rovigo, de Montalivet, de Lauriston, de Vaux, Mlle d'Arberg, depuis comtesse Klein, Mmes de Colbert, de Serant et enfin Mme Gazani, lectrice.

La Dame d'atours avait sous ses ordres une première femme des atours, Mme Aubert, qui avait pour charge de s'occuper des soins et entretien de toute la garde-robe. L'Impératrice avait en outre des huissiers et des dames d'annonce, des valets de pied d'antichambre, et deux pages pour porter la queue de sa robe quand elle sortait de ses appartements ou montait en carrosse. — Mme d'Abrantès, qui était elle-même attachée à la maison de Madame Mère, et qui devint par la suite l'aimable gouvernante de Paris, a laissé quelques notes sur ces Dames du Palais.

Pour l'étiquette ordinaire des Cercles, il n'y avait aux Tuileries que les femmes présentées, en grande toilette, avec le manteau de Cour en velours ou en soie, brodé d'or, d'argent, et quelquefois enrichi de perles et de pierreries. Les hommes venaient en uniforme ou dans le costume de leur place, et quelquefois, ce que l'Empereur préférait, en habits de fantaisie de velours, soie ou satin, relevés de riches broderies, et l'épée au côté.

1805

Dans ces réunions ultra-officielles, on parlait peu ; mais on observait beaucoup, tout oreilles et tout yeux ; on se classait par petites sociétés, la vieille noblesse faisant dédain des parvenus de l'Empire. Aussi une sourde excitation régnait dans ces salons ; le dépit s'en mêlait et les pointes, les sous-entendus, les agaceries allaient leur train ; parfois, plusieurs familles prenaient feu parce qu'une petite comtesse du nouveau régime avait adroitement attiré dans son camp l'amant reconnu de quelque marquise de l'ancienne Cour.

8

Il était d'usage qu'à ces réunions l'Impératrice se plaçât à une table de whist avec les trois seigneurs les plus titrés et qualifiés de l'assemblée, on faisait cercle autour de la table ; l'Empereur jouait rarement ; il allait d'un salon à l'autre, parlant brièvement à chacun et s'arrêtant de préférence au milieu des femmes, avec lesquelles il aimait à plaisanter avec plus de bonhomie que de malicieuse galanterie. Napoléon aimait la femme plus et mieux qu'on a voulu le dire, mais il sentait le danger de s'abandonner à elle ; il craignait son influence et ses perfidies ; et il avait toujours présent à l'esprit l'apologue de Samson et de Dalila. Il arrivait à elle en conquérant et dédaigneux des sièges en règle ; il lui fallait lire dans deux beaux yeux que la place se rendait, et que là comme ailleurs la victoire lui était assurée. Au fond, comme la plupart des hommes de guerre, ce fut un piètre amoureux, plus despote que tendre, parfois brutal, souvent cynique, ayant comme un vernis de morale bourgeoise qu'il laissait voir à tout propos. Joséphine fut la seule femme qui, par ses abandons, sa douceur de créole, son manque de résistance et ses larmes, ait su le captiver quelque temps ; encore dut-elle subir toutes les fantaisies de ce maître inflexible qui poussait la cruauté jusqu'à attiser sa jalousie par le récit détaillé de ses caprices.

1805

Mlle Aurillon, dans ses *Mémoires*, nous en fournit la preuve : « Comme l'Empereur satisfaisait ses petites passions sans que le sentiment y entrât pour quelque chose, il sacrifiait sans difficulté à sa femme les objets de sa jalousie ; il faisait plus, et en cela je ne pouvais m'empêcher de le désapprouver fort ; lorsque l'Impératrice en parlait, il lui en disait plus qu'elle ne demandait à en savoir, lui citait même des imperfections cachées et lui nommait, à propos d'un

autre aveu, telle ou telle dame de la Cour, dont il n'était nullement question, et qui n'avait rien à lui refuser. »

Napoléon était, il faut bien le dire, intrigué de toute
part, aussi bien par des billets doux que par des démarches
personnelles. Son génie, ses exploits incroyables, le prodigieux de sa fortune étaient bien faits pour bouleverser
l'imagination de toutes les femmes et jeunes filles de
l'univers ; bien plus, son visage (l'admirable portrait du baron
Gros en est le témoignage) avait une beauté particulière,
inoubliable, un charme à nul autre pareil, comme une
attirance puissante que devaient sentir toutes les créatures
de sa Cour ; aussi comprend-on qu'arrivé à l'Empire il ait
fait tourner la tête de toutes les grandes coquettes de la
capitale. Constant, son valet de chambre qui, lui aussi, a
laissé des *Mémoires*, se défend d'avoir jamais ouvert la
porte aux innombrables solliciteuses d'amour qui venaient
l'assiéger chaque jour : « Je n'ai jamais voulu, dit-il, à ce
propos, me mêler d'affaires de cette nature ; je n'étais pas
assez grand seigneur pour trouver un tel emploi honorable.
Ce n'est pourtant point faute d'avoir été indirectement
sondé, ou même ouvertement sollicité par certaines
dames qui ambitionnaient le titre de favorites, bien
que ce titre ne donnât que fort peu de droits et de
privilèges auprès de l'Empereur... « Quoique Sa Majesté prit plaisir, dit-il, à ressusciter les usages de
l'ancienne cour, les secrètes attributions du premier
valet de chambre ne furent cependant pas réta-
blies, et je me gardai bien de les réclamer, assez
d'autres étaient moins scrupuleux que moi. » —
(Ce Constant déborde de dignité !)

Parmi ses proches, hommes et femmes, Bonaparte trouva en effet plus de complaisance, et
l'histoire anecdotique nous révèle mille et une
aventures curieuses où de grands généraux et

1805

des parentes très proches de l'Empereur ne refusèrent
pas de s'entremettre pour complaire aux fantaisies d'un
moment du vainqueur de l'Autriche. Mais il ne rentre
pas dans notre programme de parler ici de ces frivoles
amours ; ces croquis de mode doivent s'arrêter à l'alcôve
des monarques et même ne mettre en scène que ces personnages vagues qui, de tous temps, sont comme le porte-
manteau des costumes et des idées. Aussi laisserons-nous
Napoléon à ses gloires et à ses historiens, pour ne jeter
qu'un rapide coup d'œil sur les aimables coquetteries de
son règne, ainsi que sur les fastes et les pompes du Paris
de 1806 à 1809.

❧

L'Impératrice Joséphine avait six cent mille
francs pour sa dépense personnelle, plus environ
cent trente mille francs pour sa cassette et ses
aumônes. On pourrait croire que cette somme
était plus que suffisante pour faire face aux toilettes ordinaires et extraordinaires de sa Gracieuse Majesté ; mais Joséphine était si prodi-   č
gue, si généreuse, si étourdie, si folle en ses
caprices qu'elle se voyait continuellement
en dettée et obligée d'avoir recours à la bourse
de l'Empereur.

1805

Dans son intérieur, aux Tuileries, c'était le désordre
même ; ses appartements étaient sans cesse assiégés de
parents et de petits arrière-cousins pauvres, de marchandes
à la toilette, de bijoutiers, d'orfèvres, de tireuses de cartes,
de peintres et de miniaturistes qui venaient faire ces innombrables portraits sur toile ou sur ivoire qu'elle distribuait si
aisément à tous ses amis, même aux négociants de passage

VUE DES DEUX PANORAMAS ET DU PASSAGE INTERMÉDIAIRE
(1810).

LES COURSES AU CHAMP DE MARS
(1811).

et à ses filles de chambre. Elle ne pouvait se soumettre à aucun décorum ni à aucune étiquette dans cette vie privée où son indolence était à l'aise au milieu du fouillis des étoffes, des tapis bouleversés, des ballots entr'ouverts. Elle avait fait de ses petits salons un temple à la toilette où tous les marchands étrangers et les vieilles brocanteuses de bijoux et de soieries avaient un facile accès. Bonaparte avait interdit l'entrée du Palais à toute cette horde mercantile, dépenaillée et sordide ; il avait fait formellement promettre à sa femme de ne plus recevoir à l'avenir ces échappés des Ghetto parisiens ; Joséphine jurait de ne le plus faire, pleurait un peu ; mais le lendemain elle trouvait encore moyen de faire monter à elle ces bazars ambulants et de vivre à sa guise dans la poussière des paquets défaits, curieuse d'inventorier les soieries orientales, les broderies persanes, les fichus et les pierreries d'occasion, charmée par le chatoiement des couleurs, par la finesse des tissus, par l'imprévu des déballages.

« On lui apportait sans cesse, dit Mᵐᵉ de Rémusat, des bijoux, des schalls, des étoffes, des colifichets de toute espèce ; elle achetait tout, sans jamais demander le prix, et, la plupart du temps, oubliait ce qu'elle avait acheté. Dès le début, elle signifia à sa Dame d'honneur et à sa Dame d'atours qu'elles n'eussent pas à se mêler de sa garde-robe. Tout se passait entre elle et ses femmes de chambre, qui étaient au nombre de sept ou huit. — Elle se levait à neuf heures ; sa toilette était fort longue ; il y en avait une partie fort secrète et tout employée à nombre de recherches pour entretenir et même farder sa personne. Quand tout cela était fini, elle se faisait coiffer, enveloppée dans un long peignoir très élégant

1806

et garni de dentelles. Ses chemises, ses jupons étaient
brodés et aussi garnis. Elle changeait de chemise et
de tout linge trois fois par jour et ne portait que
des bas neufs. Tandis qu'elle se coiffait, si les Dames
du Palais se présentaient à sa porte, elle les faisait entrer.
Quand elle était peignée, on lui apportait de grandes
corbeilles qui contenaient plusieurs robes différentes,
plusieurs chapeaux et plusieurs schalls ; c'étaient en été des
robes de mousseline ou de perkale très brodées et très
ornées : en hiver, des redingotes d'étoffe ou de velours.
Elle choisissait la parure du jour, et, le matin, elle se
coiffait toujours avec un chapeau garni de fleurs et de plumes
et des vêtements qui la couvraient beaucoup. Le nombre de
ses schalls allait de trois à quatre cents ; elle en faisait des
robes, des couvertures pour son lit, des coussins pour son
chien. Elle en avait constamment un toute la matinée qu'elle
drapait sur ses épaules, avec une grâce que je n'ai vue
qu'à elle. Bonaparte, qui trouvait que les schalls la couvraient trop, les arrachait et quelquefois les
jetait au feu ; alors elle en redemandait un
autre. Elle achetait tous ceux qu'on lui apportait,
de quelque prix qu'ils fussent ; je lui en ai vu de
huit, dix et douze mille francs. Au reste, c'était un
des grands luxes de cette Cour : on dédaignait
d'y porter ceux qui n'auraient coûté que cinquante louis, et on se vantait du prix qu'on avait
mis à ceux qu'on s'y montrait. »
La fureur des schalls de cachemire, de Perse
et du Levant, ainsi que tout le goût oriental
qui dominait alors dans le monde des
grandes coquettes, provenaient de l'expédi-
tion d'Égypte et des étoffes que nos vaisseaux
avaient rapportées du Caire et d'autres lieux.
1806   Joséphine qui avait déjà, à son retour

d'Italie, mis en vogue les modes antiques dans les parures et principalement pour les bandeaux en camées, les. bracelets et les pendeloques d'oreille, devait être aussi la première à faire circuler les broderies orientales, les turbans tissés d'or et toutes les soieries des Indes. D'humeur oisive et paresseuse, n'ayant aucun goût pour la littérature, ne lisant jamais, écrivant le moins possible, peu faite pour les travaux intellectuels, sa nature passive s'était entièrement donnée aux jouissances de la toilette et à l'ornementation de ses jardins et appartements. Elle fuyait le théâtre et n'y allait guère qu'en compagnie de l'Empereur; mais, sans sortir de son cercle, elle avait l'art de gaspiller l'or à pleines mains, au point d'en irriter Bonaparte qui cependant calculait peu et ne refusait rien à sa femme. La journée se passait en toilettes diverses; le soir, elle apportait plus de recherche et d'élégance encore dans la disposition de ses robes; généralement Joséphine se coiffait simplement, à la manière antique, entremêlant dans ses beaux cheveux noirs, relevés sur le haut de la tète, des guirlandes de fleurs, des résilles de perles ou des bandelettes constellées de pierres précieuses. Le plus

1806

souvent elle portait ces robes blanches dont Napoléon raffolait et qui étaient faites d'un tissu de mousseline de l'Inde si fin et si clair qu'on eût dit une robe de brouillard ; ce tissu oriental ne coûtait pas moins de cent à cent cinquante francs l'aune. Au bas de la jupe se trouvaient des festons d'or brodé et de perles, et le corsage, drapé à gros plis, laissait les bras nus et était arrêté sur les épaules par des camées, des boucles de diamants ou des têtes de lion d'or formant agrafes.

L'Impératrice avait, comme la plupart des grandes élégantes de l'Empire, la curieuse préoccupation d'assortir toutes ses toilettes à la couleur du mobilier qui devait lui servir de décor et de repoussoir ; une robe d'un bleu mourant convenait aux salons de brocatelle jaune et une robe de Cour en velours vert myrte s'encadrait seulement dans des tentures de damas de soie ponceau. C'était là un grand souci pour toutes les dames aimant à paraître dans le triomphe de leurs atours, et, assure-t-on, lorsque la princesse Borghèse, ci-devant Mme Leclerc, fut reçue à Saint-Cloud, au lendemain de son mariage, elle faillit mourir de dépit en étalant sur le bleu profond des divans une somptueuse tunique de brocart vert entièrement brodée de brillants. — Cette délicatesse était exquise ! que ne s'est-elle perpétuée !

Mme de Rémusat, à qui il faut bien revenir pour tous les petits bavardages de toilette et les commérages du Palais, ne cache rien des prodigalités de Joséphine. « La moindre petite assemblée, le moindre bal lui étaient une occasion, dit-elle, de commander une parure nouvelle, en dépit des nombreux magasins de chiffons dont on gardait les provisions dans tous les palais, car elle avait la manie de ne se défaire de rien. Il serait impossible de dire quelles sommes elle a consommées en vêtements de toute espèce. Chez tous les marchands de Paris on voyait toujours quelque chose qui se faisait pour elle. Je lui ai vu, poursuit sa Dame du Palais, plusieurs robes de dentelle de quarante, cinquante et même cent mille francs. Il est presque incroyable que ce goût de parure si complètement satisfait ne se soit jamais blasé. Après le divorce, à la Malmaison, elle a conservé le même luxe, et elle se parait même quand elle ne devait recevoir personne... Le jour de sa mort, elle voulut qu'on lui passât une robe de chambre fort élégante, parce qu'elle pensait que l'Empereur de Russie viendrait peut-être la voir. »

1806

Elle a donc expiré, — la sympathique femme ! — toute couverte de rubans et de satin couleur de rose.

On conçoit ce que cette passion de l'Impératrice pour le luxe et la dépense devait causer d'émulation à la Cour et ce qu'il fallait chaque jour inventer, combiner, faire exécuter pour paraître honorablement autour d'elle, sans risque de faire tache ou d'indisposer Sa Majesté. La reine Hortense, la jeune épouse de Louis Bonaparte, déployait une grande richesse dans sa mise selon le ton de la Cour; mais elle apportait dans son luxe beaucoup de discrétion, d'ordre et d'économie. Tel n'était pas l'esprit de Caroline Murat et de la princesse Pauline Borghèse,

1807

qui étaient prises de la fureur d'éclipser leur belle-sœur et qui mettaient toute leur vanité, tout leur plaisir dans la parure et l'ostentation. Furieuses d'être placées... elles, — des Bonaparte, — au-dessous d'une Beauharnais dans la hiérarchie de l'Empire, elles ne savaient que trouver pour accentuer leur rivalité avec Joséphine et la piquer au jeu sous des allures cordiales et affectueuses. Elles ne paraissaient jamais aux Tuileries que dans des habits de cérémonie qui coûtaient pour le moins quinze à vingt mille francs et qu'elles avaient parfois la fantaisie de surcharger, au milieu de mille torsades de broderie, de tous les joyaux les plus rutilants de leurs cassettes. C'était là une note comique.

Parmi les grandes coquettes de la cour, Mmes Savary, plus tard duchesse de Rovigo, et Maret, future duchesse de Bassano, ainsi que Mme de Canisy, étaient mises au premier rang après les princesses; on comptait qu'elles dépensaient annuellement plus de vingt mille écus pour leur toilette, ce qui était, relativement à la valeur de l'argent au

commencement de ce siècle, une somme considérée comme excessive. Dans le fameux quadrille exécuté par la suite : *Les Péruviens allant au Temple du Soleil*, on calcula que le nombre de diamants porté par les dames de l'Empire se chiffrait par une somme de vingt millions de francs; on ne manqua pas de crier à l'impossible, à la féerie, comme si Aladin en personne fût venu aux Tuileries. — A la fin de ce siècle, en ce moment même, nous serions plus croyants et médiocrement ébourriffés par ce chiffre de pierreries.

Quittons la Cour; passons à la Ville et observons les modes parisiennes au milieu du bruit et des plaisirs publics.

Le 1er janvier 1806 mit un terme au Calendrier Républicain qui avait été appliqué durant treize ans et un peu

plus de trois mois ; l'an
quement au début de
au calendrier grégorien
et privés, dans les cor-
naux et toutes les feuilles
y eût de dissidences.
de la République dis-
La France était tout à
phateur. Partout on
dans un débordement
rue montaient des cris
victoire ! vive la
l'Empereur ! »
les principaux
chantait des
Grand, les sol-

1807

XIV fut interrompu brus-
nivôse, et l'on revint
dans les actes publics
respondances, jour-
imprimées, sans qu'il
Les dernières traces
paraissaient ainsi.
son idole, au triom-
célébrait son retour
d'enthousiasme. De la
de gloire : « Victoire !
Grande Armée ! vive
— A l'Opéra, dans
théâtres de Paris, on
chœurs à Napoléon le
dats qu'on rencontrait

étaient traités en héros. Esmenard, le barde impérial,
convoquait les muses à fêter le guerrier ; la nation entière
était secouée dans son patriotisme le plus ardent.

Le luxe et l'élégance s'affichaient maintenant de tous
côtés ; les soirées officielles, les bals, les concerts se succédaient sans relâche dans la nouvelle société parisienne ;
les sénateurs, les membres du Corps législatif, les maréchaux
de l'Empire offraient des fêtes incomparables au souverain ;
les uniformes éclatants des officiers de l'armée se mariaient
aux robes chargées de pierreries dans l'éblouissement des
lumières et des fleurs ; jamais on n'approcha si près de
l'incroyable magie des contes bleus, jamais peut-être aussi
les femmes n'encadrèrent leur jeunesse et leur beauté dans
plus de magnificence, de splendeur et d'apparat.

La mode était encore sinon aux nudités voilées, du moins
aux demi-transparences, au nu relatif. En dépit du froid,
les courageuses Françaises allaient à la promenade les bras
à peine couverts, la gorge entr'ouverte, le pied mignonne-
ment emprisonné dans la soie et le soulier à jour ; de même
que les hommes bravaient la mort pour la gloire,
elles aussi bravaient la *camarde* pour le plaisir et
la galanterie. Les coquettes les plus frileuses
couraient sur les boulevards et visitaient les bou-
tiques dans une légère redingote fourrée avec
collet de cygne, un voile encapuchonnant la capote, quelquefois une palatine ajoutée au schall ou
le schall doublant la redingote. Le *Witzchoura*
n'apparaissait pas encore et le manchon n'avait
plus les dimensions d'un gros fût d'un mètre
ainsi que ceux du Directoire. La coupe des
robes habillées était plus étoffée qu'autrefois,
bien que la taille fût très courte et fît saillir
les seins plus haut que la nature ne semble
l'indiquer. On employait plusieurs aunes de

1809

mousseline à la confection de la robe et du corsage ; le
dos d'une femme en toilette était élargi par les épaulettes,
cassé en rond par le décolletage, mettant en valeur les
grâces du cou et les beautés attirantes de la nuque ; peu
de fard ou de poudre aux joues, une pâleur mate et naturelle était dans le goût du jour ainsi que des cheveux en
désordre ; les Titus revenaient avec davantage de frisons
sur la tempe et le front ; les diadèmes et les bandeaux se
portaient généralement. Aux jupes moulant le corps, on
ajoutait, de ci, de là, partout une profusion de fleurs.

Les guirlandes de roses de Bengale, l'héliotrope, le jasmin,
l'œillet, le laurier rose et blanc, la rose bleue furent
tour à tour très portés, surtout à la fin de l'Empire, quand
les modes *troubadour*, les chapeaux *à créneaux*, les manches
à la mameluck, les cheveux *à l'enfant* nous apportèrent un
je ne sais quoi de gothique et de féodal qui concordait si
bien avec la littérature romancière sombre, contournée,
sentimentale et niaise de Ducray-Duminil, de Mmes Radcliffe
ou de Chastenay.

De 1806 à 1809 on se couvrit de bijoux à ce point que
les femmes semblaient des vitrines ambulantes ; aux
doigts les bagues s'étageaient ; les chaînes d'or faisaient
jusqu'à huit fois le tour du cou, les pendeloques lourdes
et massives tiraient le lobe de l'oreille, aux bras serpen-
taient la ciselure et l'émail des bracelets de toutes formes ;
les colliers de perles en torsades ou en franges ornaient
les coiffures en cheveux, formant bourrelet sur le devant
et parfois retombant sur l'épaule. De longues épingles
d'or fixaient les cheveux relevés à la chinoise ; les diadèmes, formés d'une feuille de laurier, or et diamants d'un
côté, d'une branche d'olivier, or et perles de l'autre,
ceignaient le front des élégantes. Les peignes se composaient d'une branche de saule pleureur, or, diamants et
perles, beaucoup de colliers, dont le plus apprécié était

LE PATINAGE SUR LE BASSIN DE LA VILLETTE
(1813).

CAMPEMENT DE COSAQUES AUX CHAMPS-ÉLYSÉES
(1814).

le collier *au vainqueur*, mélange singulier de cœurs en
cornaline, en bois de palmier, en sardoine, en malachite,
en lapis, suspendus à une chaîne d'or. La boîte à odeurs
du dernier goût s'appelait *bouton de rose*; le dessus était
émail et or; la fleur, finement tracée en perles fines, se
trouvait peinte sous la forme réelle d'un bouton d'églantier.

Le luxe des bijoux fut tel que la réaction arriva, et qu'ils
furent peu à peu proscrits; on commença par porter les
brillants sur des montures invisibles, à enfiler les perles,
l'ambre, l'améthyste, la cornaline, l'agate, sur un simple
cordon de soie; puis insensiblement on relégua le tout
dans les coffrets, et le suprême bon ton aux environs de 1810
fut de se montrer d'une sobriété absolue dans l'étalage de
tous ses colifichets.

Pour les hommes une mode qui se généralisa fut celle
du *Soleil levant*. Toutes les ciselures furent faites au *Soleil
levant*; la garde de l'épée, les boucles, les boutons de métal,
la boîte de montre, les parties brodées... Partout des
aurores. — Le pourquoi de cette vogue d'un goût japonais : emblème ou caprice? — On n'en sut jamais rien.

La journée d'une coquette impériale était
entièrement livrée aux menus soins de la toilette. A son petit lever, elle se plongeait dans
un bain chinois, à pâte d'amande parfumée, se
faisait polir, poncer, essencer; elle passait de
la manucure au pédicure, puis elle endossait
une capote de mousseline brodée à tablier et
déjeunait. Alors arrivaient les marchandes, les
lingères et modistes et l'indispensable professeur de salut et de présentation, le démons-

1807

trateur émérite de la danse à caractère, qu'on désignait sous
le nom de M. *Courbette* et qui, durant une heure, apprenait
à allonger, arrondir, gracieuser le bras, à saluer de la main,
à faire révérence, à se tenir sur la hanche droite ou gauche,
et qui terminait la séance par une lumineuse analyse sur
la *Morale de la danse terre à terre.* Le secrétaire succédait
au maître danseur; il écrivait quelques courtes missives et
vite était congédié. C'était l'heure de la promenade au Bois
de Boulogne et à Bagatelle. La nymphe légère vêtissait
l'amazone, se lançait sur un coursier superbe ou
bien faisait atteler sa calèche à parasol ou son
cabriolet couleur d'écaille pour aller faire admirer
ses charmes dans quelque fête champêtre.

Au retour de la course, elle venait juger de
l'effet de certaine robe grecque exécutée sur un
dessin nouveau, et, passant dans son boudoir
antique, elle donnait audience à son coiffeur.
Celui-ci était déjà venu le matin préparer ses
cheveux à la Titus, dont il n'avait laissé paraître
que quelques crochets s'échappant d'un petit
bonnet. Maintenant, il se présentait pour le
grand œuvre, l'œil rêveur, posant à l'artiste,
cherchant l'inspiration et tenant d'une main

1808

un croquis représentant Mlle Mars ou la Duchesnois,
et de l'autre un petit bandeau de mousseline imitant un
schall, tant le tissu en était coloré et souple. Il regardait
tour à tour le croquis et la tête de la belle indolente, puis
il mariait habilement l'étoffe et les cheveux, laissant tomber sur l'épaule gauche les deux bouts inégaux du schall
rouge ou jaune : alors, se retirant en arrière, clignant de
l'œil à la glace, il demandait à la petite-maîtresse si cette
coiffure *à la Benjamin* ou *à la Siméon* était de son goût,
jurant pour sa part qu'elle seyait à merveille au caractère
piquant de sa figure.

Le soir, dans une robe garnie en peluche de soie ou dans une tunique de crêpe blanc relevé de satin, elle prenait une loge aux Bouffons ou bien allait entendre Elleviou, la coqueluche de Paris, à moins qu'elle ne préférât applaudir Brunet dans *Ma Tante Urlurette*. — Un souper l'attendait au retour du théâtre; quelques tables de jeu retenaient ses amis, et ce n'était pas avant une heure avancée de la nuit que la grande coquette de l'Empire s'abandonnait aux mains de ses femmes de chambre et se couchait exténuée dans sa fine toile de Hollande, la tète à demi cachée dans une jolie cornette ornée de dentelles, les mains revètues de gants gras.

De 1805 à 1814, la mode varia à Paris de huitaine en huitaine; les nuances de ces changements sont si délicates qu'il est presque impossible de les saisir; les rédacteurs de journaux spéciaux, qui paraissaient alors tous les cinq jours, déclarent eux-mêmes ne pouvoir satisfaire à la curiosité de leurs lecteurs, si grande était la multiplicité des costumes. — Si nous nous plaçons néanmoins au milieu de l'année 1808, nous constatons, par un regard rétrospectif, que les cheveux bouclés artistement, ou *à la Ninon*, mais sans ornement, qui constituaient autrefois le négligé, sont devenus le *nec plus ultra* de la parure. Les plumes, qui étaient le symbole de l'éclat, du grand costume, de la cérémonie, ne sont guère admises que dans le plus grand négligé. La mode ne les tolère que sur un chapeau du matin, tombant avec abandon, flottant avec légèreté. Elles ne sont ni assez sévères ni assez pom-

1809

peuses pour un habit d'étiquette ou de grand apparat. Les
manches des robes se font bouffantes ; elles. figurent l'embonpoint, qui est la beauté de la ligne du bras. Un caprice
de la vogue inconstante, qui n'admettait pas, quelques
années auparavant, les plis inégaux, a réglé que les manches
d'une élégante seraient plissées comme le jabot d'un petit-
maître. On ne doit plus dire en 1808, remarque un observateur : « Comme je suis bien mise », ou encore : « Comme
madame une telle est bien habillée », mais seulement sou-
pirer : *Comme je suis bien drapée !... Dieu !
que madame X... se dessine bien !*

On commence à proclamer que plus une femme
est jolie, moins elle a besoin d'ornements ; que
sa mise doit être simple, quoique élégante, et que
la perfection de la parure consiste dans la sobriété
des passementeries, dans le goût et la grâce et non
pas dans la singularité de la mise, dans la nou-
veauté des costumes, dans la richesse des étoffes,
ni enfin dans le luxe inutile et ruineux des
bijoux. On se persuade dans le monde que la
vanité est presque toujours la compagne du
mauvais goût. Le fichu à la mode doit dissimuler la gorge et faire ressortir les épaules ; on
ne noue plus son mouchoir pour en faire une
bourse, mais on met son argent dans une

1810

résille d'or qu'on attache à sa ceinture. Les robes à pluie
d'or et d'argent, qui faisaient *florès* dans les premiers
temps du règne, ne sont plus considérées comme de bon
genre ; mais un voile, un schall à lames d'argent sont re-
gardés comme du meilleur ton, soit pour figurer dans un
bal, soit pour briller aux spectacles. Les dames dansent
le *Bolero* ou la *Chica*, et bien qu'elles aiment le plaisir à la
folie, elles prétendent d'un air fatigué et navrant que tout est
ennuyeux, fade et mourant dans les distractions du dehors.

Dans les beaux jours, tout Paris est à la promenade ; les
rentiers prennent le frais vers les boulevards du Marais ; les
auteurs vont bouquiner sur les quais ; les mères de famille
promènent leurs nourrissons vis-à-vis le Panorama ou sur le
boulevard Montmartre ; les élégantes, qui tiennent à étaler
leurs riches équipages et leurs modes nouvelles, vont au
Bois de Boulogne ; les femmes plus modestes, qui se con-
tentent de faire admirer leurs charmes, vont à la terrasse
des Feuillants et aux Champs-Élysées ; là, regardées tour à
tour par les jeunes gens à cheval et par les piétons, elles
ont le plaisir de se moquer des belles qui vont au Bois. —
On s'étouffe à Coblentz pour regarder le beau sexe assis de
chaque côté du boulevard. Depuis Tivoli jusqu'au Colisée,
depuis le Colisée jusqu'au Jardin Turc, on n'aperçoit que
des élégantes bourgeoises, des grisettes de tous les quartiers ;
aux Champs-Élysées, officiers et jeunes mondains à cheval,
matadors en carrick, luttent de vitesse et de noble allure,
tandis que les financiers se prélassent au fond de leur berline fermée et que les jolies femmes sourient dans leur
calèche découverte ou leur *demi-fortune*.

L'heure des *agréables* au Bois de Boulogne est,
en 1807, de midi à trois heures. Il fut un instant
de mode d'aller prendre des glaces au café de Foy,
mais le bon ton veut alors qu'on les fasse apporter chez soi. Ces glaces se servent, été comme
hiver, à déjeuner, à dîner, à souper, à toute heure.
Comme spectacle, on ne saurait se passer d'aller voir
Olivier et l'incomparable Ravel, les deux faiseurs
de tours à la mode. On applaudit Talma aux
Français, Mᵐᵉ Henry à l'Opéra-Comique ; le vaudeville est négligé ; on court en foule aux répétitions de l'Opéra ; on se fait voir avec orgueil
dans les loges aux représentations du vendredi ;
on déclare passer des heures *divines* à l'Acadé-

1810

10

mie des arts, et pour se donner un instant de folie, on se rend *incognito* chez Brunet.

Dans les cercles, le soir, on réunit une foule de gens de tout âge, beaucoup d'hommes et peu de femmes ; plus la foule est grande, plus la réunion est considérée comme brillante ; les étrangers sont bien accueillis et fêtés, on se promène ; les conversations sont particulières ; il n'y a que les traits d'esprit ou les calembours qui, pour un instant, se colportent et généralisent le rire. Le *fin du fin* de la galanterie d'alors est de négliger toutes les femmes d'un salon pour se ranger autour de la plus belle, en la regardant avec insistance, en l'entourant, en discourant sur ses appas, en la poussant et la pressant de manière à lui faire perdre haleine. — L'heure de la *gavotte* arrive ; on crie : bravo ! on applaudit à l'avance. Zéphyr s'élance, il va prendre par la main la maîtresse de la maison ; un piano est disposé ; tout le monde se range en cercle, on monte sur les chaises, les entrechats excitent l'enthousiasme. La belle, fatiguée, heureuse, souriant à tous, va prendre un instant de repos sur son lit à la grecque pendant que le danseur suprême reçoit les compliments de la plupart des jeunes gens qui demeurent ébahis. On murmure, on s'extasie :

1811

« Que vous avez bien dansé ! quelle légèreté ! quelle grâce !... » et lui, s'éventant de son mouchoir, répond avec importance comme un muscadin d'autrefois : « Il est vrai que j'ai eu *quelques pas d'inspiration,* mais ce n'est pas tout à fait cela... *Je n'ai fait que chiffonner la gavotte.* »

Que de jolis tableaux de Paris il y aurait à faire sur le monde et les mœurs de l'Empire, qui ont été trop peu étudiés par les écrivains de cette fin de siècle ! De la rue au salon, du théâtre au cabaret, de la femme de Cour à la gri-

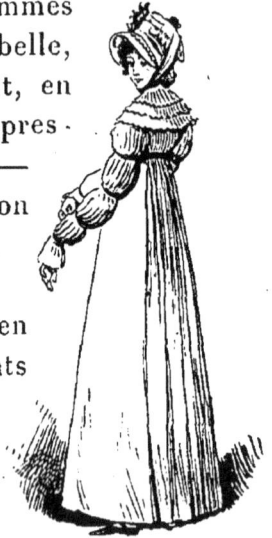

sette, du vieux grognard au chauvin civil, on aurait à analyser d'innombrables personnages, des traits de caractère très typiques. La postérité aime à suivre Napoléon sur tous les champs de bataille de l'Europe, les historiens ont marché sur les traces de nos drapeaux victorieux ; mais nous avons trop négligé de regarder au cœur de la France pendant ces années de gloire, nous n'avons pas assez *chiffonné* la gavotte parisienne, pas assez observé l'esprit, les modes et les mœurs de la nation depuis le Consulat jusqu'au retour des Bourbons. Le moment serait venu de faire vivre ce tableau.

1813

Un mari échaudé, devenu économiste, fit circuler vers 1807 un paradoxal *État de la Dépense annuelle d'une Petite-Maîtresse de Paris,* d'après ses notes de ménage. Nous le reproduisons ici sans y rien changer, comme document comico-sérieux. Le voici :

Trois cent soixante-cinq bonnets, capotes ou chapeaux.	10.000 fr.
Deux schalls de kachemire..........................	1.200 »
Six cents robes....................................	25.000 »
Trois cent soixante-cinq paires de souliers..........	600 »
Deux cent cinquante paires de bas blancs, autant de couleur...................................	3.000 »
Douze chemises....................................	300 »
Rouge et blanc....................................	300 »
Deux voiles.......................................	4.800 »
Corsets élastiques, perruques, ridicules, ombrelles, éventails, etc...................................	6.000
A reporter............	51.200 fr.

Report............	51.200 fr.
Essences, parfums et autres drogues pour paraître jeune et jolie..	1.200 »
Bijoux et autres bagatelles........	10.000 »
Meubles grecs, romains, étrusques, turcs, arabes, chinois, persans, égyptiens, anglais et gothiques......	50.000 »
Six chevaux de selle, deux de main.................	10.000 »
Voitures française, anglaise, espagnole, etc..........	25.000 »
Maître de danse	5.000 »
Maître de français..............................	300 »
Un lit...	20.000 »
Articles dans les journaux, loges aux spectacles, concerts, etc.....................................	30.000 »
Œuvres de bienfaisance et de charité................	100 »
Total............	202.800 fr.

Ajoutez à cela le train de maison, les gens et la table, les cadeaux extraordinaires, les billets de loterie, les pertes à la bouillotte, et l'on arrive à plus de cent mille écus, chiffre respectable, même de nos jours, pour les gentils menus frais d'une grande coquette.

Les schalls étaient toujours le fond de la toilette d'une femme; ils étaient chers et recherchés, moins rares cependant que sous le Directoire. Dans l'origine, les kachemires étaient une chose extraordinaire et un objet d'envie; peu à peu ils se répandirent universellement dans le royaume de la mode et servirent à mille usages comme turbans, redingotes, robes, et même s'utilisèrent dans la décoration mobilière. Ces schalls d'Orient apportaient la couleur et un chatoyant effet de draperie dans les spectacles lorsqu'ils tombaient avec négligence sur le devant d'une loge; les élégantes gracieuses en tiraient tous les partis possibles, soit dans la danse antique, soit à la promenade ou encore au sortir du théâtre; elles le drapaient habilement sur la tête, sinon le roulaient sur les seins, en comprimant d'un délicieux mouvement de mains leur gorge haletante et frileuse.

Le schall de kachemire jouait un rôle considérable dans la haute et riche société parisienne.

« C'est sur le point de la parure et des modes que les Françaises sont sujettes à faillir et perdent tout ce que leur caractère a d'intéressant, tout ce que leur conduite a de respectable, écrivait lady Morgan dans son livre sur *la France*. C'est là que finit l'économie et que commence une extravagance qui ne connaît point de bornes. Le mérite du *divin* kachemire et du joli mouchoir de poche brodé succède en un instant aux discussions financières et aux arguments politiques : — « Et combien de kachemires avez-vous, » ma chère? » est une question que les belles pupilles de ces grands vizirs de *femmes d'État*, MM. de Chateaubriand et Fiévée, font avec le plus d'importance et traitent avec plus de gravité que s'il s'agissait des nouveaux traités politiques de leurs maîtres.

» Cette élégante production de l'industrie indienne est un objet indispensable pour toutes les Françaises, et elles y attachent tant de prix qu'on serait tenté de croire qu'il existe un charme magique dans son tissu. Je n'oublierai jamais, poursuit l'ancienne Miss Owenson, le sentiment mêlé de compassion et de surprise que je causai à une de mes amies de France quand je l'assurai que je n'avais jamais eu qu'un seul kachemire.

« — Ah, mon Dieu! s'écria-t-elle, mais c'est » inconvenable ! Ma belle, il faut en acheter un » avec ce que vous produira votre premier ouvrage..., » un kachemire, c'est une terre, n'est-ce pas? »

Ce que n'ajoute pas suffisamment lady Morgan, ce qu'elle ne pouvait comprendre en sa qualité d'Anglaise, c'est qu'un kachemire était considéré comme un héritage à transmettre dans sa famille. « C'est un meuble », disait-on,

1814

et, de fait, ces kachemires de nos aïeules se sont transmis de génération en génération, et souvent il nous est
encore donné d'en contempler quelques-uns au fond de
certaines vieilles armoires respectables de province, ayant
conservé une finesse merveilleuse de tissu et comme une
étonnante coloration d'ancien vitrail.

Le carrick de drap et le witzchoura à capuchon exclurent
le schall de la mode, dans les dernières années de l'Empire ;
le witzchoura, vêtement disgracieux qui cachait la taille,
ne convenait ni aux femmes trop petites, ni à
celles chargées d'embonpoint ; les fourreurs seuls
le firent valoir et débitèrent ce vêtement à
un prix exorbitant. Les fourrures et principalement l'hermine se portèrent avec profusion
de 1810 à 1814 ; on ne voyait que douillettes d'hermine, witzchouras, spencers, redingotes, manchons
d'hermine ; les femmes se couvraient autant qu'elles
s'étaient découvertes. Costumes charmants, au reste,
et que les gravures de La Mésangère ont reproduit
comme des merveilles de goût et d'élégance.

Ces modes de l'Empire, il faudrait nous y
attarder, regarder un à un ces charmants habillements qui durant dix ans varièrent tant de fois,
dans des dispositions si souvent heureuses que
nous aurions à décrire plus de mille costumes divers, sans donner encore une idée complète de ces

1813

fantaisies exquises. Il nous faudrait examiner l'influence
qu'eut Marie-Louise sur les habillements féminins après le
second mariage de Napoléon, et comment celui-ci sut maintenir la suprématie de la toilette française. Mais ces études et
ces considérations de futile apparence nous entraîneraient au
delà des bornes prescrites, un volume tout entier y suffirait
à peine, il nous faudrait entrer dans des descriptions minutieuses, qu'il serait nécessaire d'égayer d'une centaine de

planches en couleur indispensables à la compréhension du
texte. Ces modes insaisissables et charmantes, quel écrivain
femme, apte à manier une plume d'aile de papillons, aura
nous en détailler les charmes et l'inconstance; car, il faut
bien le dire, le style aussi a un sexe, une grâce et une souplesse spéciales à la femme et ce serait à un bas bleu qu'il
conviendrait de broder la fantaisie sur ce sujet si fugitif, qui
est inséparable de l'art de plaire. — Consolons-nous de
cet à peu près qui est encore le résumé le plus complet
qui — en si peu de pages — ait été écrit sur le sujet. —
La Bruyère ne disait-il pas déjà, en 1680 : « Une mode a
détruit à peine une autre mode, qu'elle est abolie par une
plus nouvelle, qui cède elle-même à celle qui la suit et qui
ne sera pas la dernière... Telle est notre légèreté! »

Les modes du premier Empire, on peut déjà s'en con-
vaincre, auront été les plus exquises de ce siècle; jamais
nous n'en verrons de plus variées, de plus ingénieuses et
de moins banales. C'est un plaisir infini de regarder ces
innombrables costumes, tous dessinés par Vernet ou Boilly,
qui en ont fait des chefs-d'œuvre. Les femmes, dans le
frou-frou soyeux des délicieuses modes d'alors, s'enveloppèrent de grâce, et nous éprouvons encore comme la sensation de leur attirance, de leur troublante séduction sous
ces costumes souples, légers, douillets que portèrent si
allègrement les amazones de l'amour de ces années héroïques
et glorieuses.

LA TRAVERSÉE DU PONT DES ARTS
(1816).

AUTOUR DE LA VOITURE DE SAINT-CLOUD
(1817).

LES COSTUMES, LES SALONS, LA SOCIÉTÉ

SOUS LA RESTAURATION

1815-1825

L A MODE s'est presque toujours montrée essentiellement courtisanesque et empressée de saluer l'aurore
des nouveaux Régimes.

Le retour au blanc complet, à l'éclat neigeux
des mousselines claires, marqua surtout
le retour des Bourbons. Fleurs de lis,
écharpes et cocardes blanches; chapeaux à
la Henri IV munis de panaches blancs, robes et
pardessus de perkale, rubans de soie écrue, capotes
de crêpe blanc bouillonné, guirlandes de lis dans la
chevelure, tels étaient, au milieu de l'année 1814,
les principales distinctions du costume féminin. Peu

11

de bijoux, sauf une bague qui se répandit vivement en raison de son allégorie ; c'était un câble d'or avec trois fleurs de lis de même métal, portant cette devise en émail blanc : *Dieu nous les rend.* La présence des troupes alliées mit en vogue des accoutrements anglais, russes et polonais, sans que le patriotisme songeât à protester. On fabriquait d'innombrables chapeaux *à l'Anglaise,* lourdes et massives capotes gaufrées, tuyautées, plissées, disgracieuses au possible ; des toques *à la Russe,* à large assiette et à petite visière ; des casques d'étoffe ornés de plumes de coq blanches, tels qu'on en voyait aux officiers alliés ; quelques rares turbans de kachemire blanc ; le tout orné de lilas blanc ; des robes courtes, des écharpes en sautoir, des toques *à l'Écossaise* eurent quelques mois de succès. — Le drapeau blanc qui flottait sur les Tuileries semblait donner le ton de la toilette.

On voyait dans tout Paris des robes de levantine rose tendre et des tuniques de mérinos blanc ; quelques-unes étaient faites en forme de pelisse et n'avaient point de ceinture ; les deux pans flottaient écartés l'un de l'autre. Les robes, dites à la vierge, formant demi-guimpe, montaient jusqu'au menton : les robes blanches, rayées, à petits carreaux bleus ou roses, se multipliaient, les volants de ces robes étaient tout blancs, mais il était de rigueur qu'il y eût des festons de la couleur des raies, et feston sur feston. Les beaux schalls de kachemire, de belle qualité, avec larges palmes et brillantes couleurs, n'étaient point détrônés par les redingotes à trois collets ou les pelisses ; on convenait que rien ne dessinait mieux les épaules et ne drapait plus mollement une femme élégante. Terneaux et Courtois étaient les marchands favoris ; on se précipitait chez eux lorsque courait le bruit d'un arrivage des Indes. Les petites bourgeoises, qui ne pouvaient s'offrir le luxe d'un kachemire, achetaient volontiers des schalls de bourre de soie, qu'on fabriquait également de couleurs vives et tranchantes, avec palmes et larges bordures. Les écharpes rayées en tricot de soie, qu'on appelait d'abord *écharpes circassiennes*, étaient alors connues sous le nom d'*écharpes d'Iris*; on savait les porter avec grâce et langueur.

« Partout, le besoin des habillements riches se manifestait, écrit M. Augustin Challamel dans son *Histoire de la Mode* si complète. Autour de Louis XVIII et du comte d'Artois se groupaient des royalistes exaltés. Les appartements des Tuileries ne désemplissaient pas. Dans les hôtels du faubourg Saint-Germain, on ne rêvait que soirées, concerts ou bals. Un grand mouvement s'opéra dans le commerce, ce fut l'excuse de chacun.

« Paris compta bientôt quatre tailleurs pour dames fort renommés, treize modistes possédant une nombreuse clientèle, sept remarquables fleuristes, trois couturières en corsets très recherchées et huit bons cordonniers pour chausser exclusivement les femmes.

« Dans les bals officiels ou privés, ordinairement paraissaient les robes blanches avec des garnitures de fleurs au bas. Les danseuses mettaient des fleurs dans leurs cheveux, plus sou-

1815

vent des roses. On vit les robes à l'Écossaise, les robes à l'*indolente*, les robes garnies de chinchilla... Les accessoires variaient beaucoup. Ici, les manches étaient bouffantes et rehaussées de plusieurs rangs de « ruches », là elles formaient l'entonnoir, c'est-à-dire qu'elles avaient une certaine ampleur aux épaules et qu'elles s'en allaient s'aplatissant peu à peu jusqu'au poignet, où elles étaient fermées hermétiquement par un ruban, de manière à être terminées par un gant de peau de diverses couleurs.

« Les dames se décolletaient, se mettaient un collier de

perles ou de grenat ; celles qui adoptaient les manches
courtes ne manquaient pas d'adopter aussi les gants longs,
ce qui composait un gracieux costume. Elles avaient des
toques brodées, garnies en perles, ornées d'une guirlande
de marabout ; les gants longs coûtaient très cher, mais aucune coquette n'eût hésité à en changer chaque jour, car ils
devaient avoir la plus grande fraîcheur. Beaucoup étaient de
couleur chamois.

La chevelure était disposée en petites boucles presque
collées sur le front et aux tempes et formant, vers la
nuque, des coques fort peu apparentes. Presque toujours
des fleurs artificielles s'y voyaient, mais cependant, il faut
le dire, en très petite quantité.

La grande préoccupation des élégantes de la Restauration semble avoir été pour la coiffure et principalement
pour la variation des chapeaux ; de 1815 à 1830, on comp-
terait aisément plus de dix mille formes de chapeaux et de
bonnets ; les journaux de mode négligent même la description des robes et manteaux pour se donner
exclusivement à l'art des coiffures, chapeaux
de paille d'Italie, capotes de peluche de soie,
casques de velours à panaches, chapeaux de
gros de Naples ou de crêpe bouillonné, capotes de perkale, turbans de mousseline,
toques *à la Polonaise*, casquettes *à l'Autri-
chienne*, turbans *moabites*, feutres *à la
Ourika*, cornettes de mousseline
blanche, de velours noir bordé de
tulle, c'était une confusion à en perdre la tête avant de la coiffer. — Et
quels chapeaux ! Qu'on se figure des
toques de juges disproportionnées
comme élévation, avec d'incroyables
auvents semblables aux maisons fan-

1815

COSTUMES DE COUR

Au début de la Restauration.

LES PETITS SPECTACLES
(1819).

tastiques du moyen âge ; qu'on se rappelle les shakos impossibles des fantassins de la Grande Armée et qu'on ajoute à ces meubles pesants des capotes non moins élevées que profondes, qu'on songe en outre à des moules à tourtes du pays de Gargantua et l'on aura un vague aperçu de ces coiffures massives, chargées de rubans, de fleurs, de cocardes, de torsades, de bourrelets, de nœuds de satin, de ruches, d'aigrettes et de plumes ; ce sont là des chapeaux de guerrières, des bassinets, des cervelières, des heaumes prodigieux, des morions abracadabrants, en un mot des casques avec jugulaire, lambrequin et ventail ; mais on a peine à croire que d'aussi bizarres couvre-chefs aient pu jamais protéger le visage rieur et gracieux de nos aïeules parisiennes.

La taille des robes s'allongea progressivement ; vers 1822, on était revenu à la taille normale qui ne coupait plus la poitrine en deux et laissait à la gorge plus de liberté ; on reforma aussi par la logique l'art des couturières et aussi des tailleurs. On porta également des robes-blouses en mousseline des Indes qui avaient au bas cinq rangées de broderies en fleurs d'arbre de Judée et quatre biais ; des robes en crêpe Élodie, rose, bleu ou réséda avec bouillons de la même étoffe.

— Le génie des modistes, qui avait épuisé toutes les poses des entre-deux, des crevés, des volants, des plissés et des roulés, revint à une expression plus simple dans les garnitures ; de modestes galons de soie ou de couleur ornèrent le bas des jupes. Le *canezou*, l'antique canezou des héroïnes de Paul de Kock, succéda au spencer ; les jolis canezous seyaient fort bien aux jeunes demoiselles, avantageaient leur taille en lui donnant une souplesse et une grâce infinies.

— Le corset reprit faveur et sa confection,   1815

jusqu'alors primitive, devint un art véritable qui ne comptait pas beaucoup de maîtres. Un bon corset de chez Lacroix ne se vendait pas couramment moins de cinq louis, et encore cet excellent faiseur ne pouvait suffire aux demandes. Ces corsets étaient en deux parties ; on y ajoutait un petit coussin en satin·blanc qui, s'attachant par derrière, à la façon de nos tournures, donnait à la taille plus de cambrure en aidant au maintien de la jupe. Quelques corsets à élastiques, par un procédé ingénieux, se laçaient et se délaçaient d'eux-mêmes. Un busc d'acier, bien que signalé comme dangereux par les médecins, servait le plus souvent à agrafer le corset sur la poitrine.

On vit bientôt disparaître ces gracieuses épaulettes qui formaient la demi-manche des robes, et presque aussitôt apparurent successivement les manches bouffantes, manches *à gigot, à béret, à la folle, à l'éléphant,* qui nous ramenaient à la Renaissance, aux corsages outrant la largeur d'épaule

1816

et aux tailles *guépées.* — Durant l'hiver, on portait d'énormes manchons de renard, de chinchilla, ainsi que des *boas* de fourrure et de plumes frisées qui s'enroulaient sur le torse, se nouaient au cou, tombaient à l'aventure et donnaient aux femmes ainsi enlacées un air provocant d'Ève en conversation criminelle avec le serpent de l'Écriture sainte. Beaucoup de mitaines et de palatines de cygne pour les courses au dehors.

La duchesse de Berry avait vainement essayé de porter le sceptre de la mode ; mais elle n'eut jamais la moindre influence sur les costumes de la Restauration... et cela se conçoit ; son physique n'avait rien de la Psyché antique.

La Littérature et surtout les romans en vogue servirent à baptiser beaucoup d'étoffes, de couleurs, de bibelots à la mode, de même les pièces à succès, les événements marquants et aussi les divers animaux exotiques que l'on commençait à amener au *Jardin du Roi*. Le vicomte d'Arlincourt devint, grâce à son roman sentimental, le parrain des turbans à *l'Ipsiboé*; Mme de Duras, par son conte émouvant de *Ourika*, baptisa, sans s'en douter, robes, bonnets, schalls et presque tous les chiffons du moment. On vit des fichus à *la Dame blanche*, des rubans *Trocadero* qui évoquaient le souvenir du duc d'Angoulème « tra los montes », des chapeaux à *l'Emma*, des toques à *la Marie Stuart*, des coiffures à *la Sultane*, à *l'Édith*, à *la Sévigné*, des étoffes *Élodie*, des cols *Atala*, sans compter les noms extraordinaires que l'on ne craignit pas, par genre, de donner à certaines nuances d'étoffe vers 1825. Nous ne parlons pas seulement des couleurs *eau du Nil, roseau solitaire, graine de réséda, bronze, fumée de Navarin, peau de serpent, brique cuite, jaune vapeur* ou *lave du Vésuve*; mais que dira-t-on des nuances *souris effrayée, crapaud amoureux, puce rêveuse* et surtout... *araignée méditant un crime*?

En 1827, le pacha d'Égypte envoya à Charles X une superbe girafe qui fit l'admiration de tout Paris; c'était la première qu'on voyait en France; la mode voulut consacrer cet événement; en quelques jours tout fut *à la Girafe*, chapeaux, ajustements, ceintures, coiffures d'hommes et de femmes. C'était le pendant des modes *au dernier soupir de Jocko* qui suivirent le décès d'un chimpanzé qui avait recueilli toutes les sympathies parisiennes, non moins que dernièrement à Londres le célèbre éléphant Jumbo auquel des Anglaises excentriques envoyèrent des cadeaux : fruits, bonbons, petits fours et jusqu'à des bouquets de fleurs. — Tout se ressemble !

1816

La coiffure se modifia plusieurs fois sous la Restauration ;
en 1828, on portait les cheveux nattés disposés en forme
de coques, semblables à des pièces montées. M. Hippolyte,
le coiffeur habile du temps, qui s'intitulait fièrement perru-
quier de la Cour, s'ingéniait à faire des boucles ultra-
invraisemblables, archi-tourmentées comme la fameuse
signature de Joseph Prud'homme. Ces paraphes de
cheveux étaient entremêlés de fleurs, de perles, de
bijoux en cordons ; il ne manquait sur le sommet qu'un petit amour eu sucre, tremblotant sur
son fil d'archal, tant ces édifices singuliers ressem-
blaient aux chefs-d'œuvre de la confiserie manié-
rée. A défaut d'amour, on piquait dans ces merveilles du peigne une variété de plumes frisées
« de l'invention de M. Plaisir ».

Mais arrètons-nous, par sagesse, dans
ces descriptions sommaires des costumes
de la Restauration. — La mode est fille
de Protée ; il est impossible de la fixer ni
de la pourtraire. Nos vignettes seront
plus éloquentes que nos phrases.

1817

La France avait accepté le retour des Bourbons comme
une garantie de repos et de reprise des affaires. Le nouveau
gouvernement répondait à ses besoins du moment ; les
industriels, les orateurs, les écrivains allaient succéder aux
grands généraux ; Bonaparte avait voulu faire d'elle une
grande nation ; les royalistes, moins ambitieux, plus calmes,
ne rêvaient que de créer une grande monarchie légitime. La
société accueillit le Roi non pas comme un sauveur, mais
comme un simple tuteur, sans aucune idolâtrie, mais avec

un rare sentiment de convenance et de bon goût. Napoléon avait été en quelque sorte l'amant privilégié de la nation, son héros chéri, son Dieu; pour lui, elle avait donné son sang, son or, ses enthousiasmes; à l'heure où ses illusions firent banqueroute, elle accepta Louis XVIII comme un sage protecteur qui, à défaut de jeunesse, de bravoure et de galante allure, lui apportait la vague assurance d'une vie sans chaos et comme un parfum réconfortant de la poule au pot de son aïeul.

Le nouveau gouvernement eut donc à son début une lune de miel relative après l'interrègne des Cent-Jours. Le peuple de toutes parts s'enthousiasmait en apparence sur l'air de *Vive Henri IV !* ou de la *Charmante Gabrielle* ; mais, au fond du cœur des gouvernés et du gouvernant, il existait un sentiment de mutuelle défiance. Moins surmené par la conquête, le pays se recueillit; la culture des lettres et des arts fit refleurir partout notre ancienne suprématie intellectuelle et cette politesse précieuse que la Révolution nous avait quelque peu désapprise. De la licence

1817

du Directoire, qui s'était transformée sous l'Empire en une décence obtenue par ordre, on passa à une sorte de pruderie aussi bien dans le costume que dans les idées : chacun demeura sur son *quant à soi* avec dignité, on recherche le correct, l'absolu bon ton, le *comme il faut*, la suprême distinction dans des notes discrètes et sobres ; on se garda de l'éclat et du faux décorum ; la somptueuse pompe impériale fit place à la simplicité voulue.

Les femmes comme toujours furent les grandes instigatrices de ce mouvement heureux. On peut dire que dans les salons de la Restauration naquit un nouveau règne. Les femmes ne consentaient à agréer que des hommages respectueux et des soins attentionnés ; le pouvoir, parfois odieusement despotique, des traîneurs de sabre, s'évanouit pour laisser paraître l'influence bienfaisante des hommes d'esprit et de talent, dont la retenue et l'agréable conversation étaient considérés comme autant de titres à l'estime et à la gloire.

« Les femmes spirituelles, d'une certaine beauté, d'un certain relief aristocratique, d'une élégance nouvelle et d'une simplicité à laquelle, pourtant, il n'aurait pas trop fallu se laisser prendre, brillaient dans tous les salons, raconte le docteur Véron. — Lamartine est venu ; la femme politique, la femme poétique et littéraire ont le beau du jeu. Il faudrait faire revivre les diverses classes, les diverses opinions de la société d'alors, pour rendre convenablement justice à tout ce qui s'y rencontrait de femmes distinguées ayant leur cercle, leur monde, leur sceptre respecté, et luttant entre elles de charme, d'esprit et d'émulation.

« Après les salons en renom de Mme de Montcalm, de Mme de Duras et de quelques autres que M. Villemain a décrits avec de profonds regrets pour le temps passé, on citait tout un jeune monde qui, s'épanouissant sous la Restauration, en reproduisait les principaux traits, par une physionomie poétique, par une mélancolie gracieuse et par une philosophie chrétienne.

« Qui n'a vu, à quelque bal de Madame, duchesse de Berry, se glisser légère, touchant le parquet à peine, si mouvante qu'on n'apercevait en elle qu'une grâce avant de savoir si c'était une beauté, une jeune femme à la chevelure blonde et hardiment dorée ; qui n'a vu apparaître alors la jeune marquise de Castries dans une fête, ne peut sans doute se faire une idée de cette

1818

nouvelle beauté, charmante, aérienne, applaudie et honorée dans les salons de la Restauration ? La société d'alors, qu'avait émue et attendrie la vaporeuse *Elvire* des *Méditations*, vivait moins terrestre et moins païenne dans ses goûts et dans ses extases que ne l'avait été l'Empire. Cependant l'imposante beauté était encore dignement représentée, avec je ne sais quel éclat d'élégance puisé dans le sang et dans la naissance, par la duchesse de Guiche (depuis duchesse de Grammont). — ... Les hommes politiques étaient alors ménagés et, pour ainsi dire, présidés, dans les salons par Mme de Sainte-Aulaire et par la jeune duchesse de Broglie. On remarquait dans ces personnes distinguées un séduisant accord d'esprit, de pensées, de sentiments élevés et religieux, compatibles avec toutes les attentions et toutes les insinuations politiques et mondaines. »

1818

Les femmes élégantes qui voulaient se donner du genre et de l'importance suivaient les curieuses séances de la Chambre des Députés. Chaque femme du monde avait son orateur favori, de même que chaque ministre passait pour avoir son Égérie au faubourg Saint-Germain. M. de Martignac faisait des chambrées de ténor au Palais législatif, grâce à son éloquence facile et spirituelle et à la beauté de son organe ; la très charmante princesse de Bagration guidait toute une petite cour d'amies exubérantes dans le dédale touffu de sa politique.

Dans cette nouvelle société d'une politesse affinée et d'un esprit chevaleresque, l'intelligence humaine surtout respirait largement, les questions de littérature et d'art primaient toutes choses et passionnaient les Académies et les salons. — Dans le milieu de Mme de Duras, qui était revenue en France pour faire l'éducation de ses deux filles.

Félicie et Clara, tous les jeunes poètes et romanciers de la nouvelle génération étaient accueillis avec une grande cordialité, qui les mettait à l'aise, et avec une noblesse douce et courtoise qui formait la caractéristique de cette femme supérieure. Ce fut l'auteur d'*Édouard* et d'*Ourika* qui prit Chateaubriand sous sa protection et lui fit accorder, par l'entremise de M. de Blacas, l'ambassade de Suède. Mme Récamier, retour d'Italie, s'était également réinstallée à Paris au début de la Restauration et elle ouvrait ou plutôt entr'ouvrait son nouveau salon de la rue du Mont-Blanc.

Parmi les maisons les plus fréquentées, on citait celle de Mme Ripert, dont le mari était, en compagnie de Michaud, le rédacteur de *la Quotidienne*. La société royaliste la plus outrée se donnait rendez-vous chez Mme Ripert, femme enthousiaste, mobile, capricieuse, qui passait en un instant de la joie à la tristesse, du sang-froid à la colère, de l'audace à la peur, et qui, en dépit de son amour ardent pour les Bourbons, s'était faite constitutionnelle par pur esprit de contradiction. On voyait chez elle M. Fievée qui était l'ornement de son cercle, dont on citait complaisamment les *ana*; MM. Pigeon et Missonnier, rédacteurs appréciés de *la Quotidienne*, le vieux général Anselme, le comte du Boutet, militaire aimable, et enfin M. de Valmalette, le La Fontaine fabuliste de la Restauration, assistaient régulièrement aux soirées brillantes de Mme Ripert.

D'autres salons où l'on portait très haut l'art de prodiguer l'esprit et d'agrémenter la causerie, où le cœur battait d'enthousiasme aux nobles dissertations de l'intelligence, où enfin le culte du beau avait de nombreux desservants, étaient ceux de la comtesse Baraguay d'Hilliers, du comte de Chabrol, préfet de Paris, de Mme la comtesse de Lacretelle, de Mme Auger, femme

1819

LE JARDIN DES TUILERIES

Près la rue de Rivoli (1819).

18

LA GRANDE JOURNÉE DE LONGCHAMPS
(1820).

du secrétaire perpétuel de l'Académie française, de M. Campenon et surtout de Mme Virginie Ancelot, dont la maison était pour quelques-uns une sorte d'antichambre familière qui donnait accès à l'Académie.

On était assuré de trouver chez l'excellente Mme Ancelot, qui écrivit plus tard sur ces foyers d'esprits alors éteints un petit ouvrage des plus intéressants, la plupart des personnages marquants de Paris. Là, venaient avec fidélité Perceval de Grandmaison, le tragique; Guiraud, Soumet, le comte Alfred de Vigny, Saintine, Victor Hugo, *l'enfant sublime*; Ancelot, Lacretelle, Lemontey, Baour-Lormian, Casimir Bonjour, Édouard Mennechet, Émile Deschamps, de Laville de Miremont, auteur de comédies en vers, le comte de Rességuier, Michel Beer, le frère de Meyer Beer; Armand Malitourne ainsi que de nombreux peintres et musiciens. Mme Sophie Gay, qui tenait elle-même un petit salon, où l'on ne jouait que trop par malheur, était assidue à ces réunions ainsi que sa délicieuse fille Delphine, la future auteur du *Lorgnon* et de *la Canne de M. de Balzac.*

Mme Ancelot a écrit et a obtenu des succès populaires; dans son salon exclusivement lettré, elle excellait à débrouiller le jeu des caractères et l'intérêt des actions; elle était charmante dans l'intimité, pleine de douceur, d'abandon, de bon sens et de gaieté; les peintres Gérard, Guérin, Gros, Girodet, les quatre G comme on les nommait, venaient fréquemment à ses réunions littéraires; Laplace et Cuvier représentèrent parfois les sciences dans cette notable et incomparable assemblée.

La sœur du poète Vigée, Mme Lebrun, dont le talent considérable n'a fait que grandir avec la perspective du temps, et qui, malgré ses soixante-quatre ans, parais-

1819

sait jeune en 1816, était revenue se fixer définitivement à Paris, après ses innombrables pérégrinations en Europe, et avait ouvert un salon qui se trouvait fréquenté par la société parisienne la plus choisie dans le monde des arts et des lettres. L'ancienne amie de Rivarol, de Champcenetz et de Grimod de la Reynière peignait encore de lumineux portraits, et, passionnée pour la musique, faisait entendre chez elle les

1819

meilleurs virtuoses de tout Paris. Ses réunions avaient lieu chaque samedi, dans son grand appartement de la rue Saint-Lazare ou à Louveciennes, l'été, dans la délicieuse maison qu'elle y avait acquise. — On rencontrait chez Mme Lebrun tous les débris de l'ancienne cour, des survivants des derniers beaux jours de Versailles et quelques étrangers de distinction. On essayait de faire revivre dans cette société bien disante les amusements d'autrefois : on jouait des proverbes, des charades, on s'égayait même aux petits jeux innocents ; mais l'atmosphère de la nouvelle époque, l'esprit philosophique et sentimental de la Restauration se prêtaient malaisément à ces plaisirs naïfs et délassants. Les habitués les plus constants de ce salon étaient : le jeune marquis de Custine, le comte de Laugeron et le comte de Saint-Priest, retour de Russie, où ils avaient pris du service pendant l'émigration ; le baron Gérard, le comte de Vaudreuil et le marquis de Rivière, la belle Mme Grassini, déjà sur le retour, mais dont la voix de contralto superbe avait conservé toute sa fraîcheur; le comte de la Tour du Pin de la Charce, qui conservait l'urbanité et les belles manières du siècle dernier, le type même du grand seigneur élégant, et enfin le vieux marquis de Boufflers alors conservateur adjoint à la

bibliothèque Mazarine, gros, court, podagre, mal vêtu et
qui ne rappelait en rien le sémillant poète-chevalier du
xviiiᵉ siècle, le galant auteur d'*Aline*, le passionné et
tendre amoureux de Mᵐᵉ de Sabran.

Le salon du baron Gérard, qui possédait rue Bonaparte,
en face de l'église Saint-Germain des Prés, une modeste
petite maison, bâtie sur ses indications, était généralement
très animé. Quatre petites pièces composaient l'appartement
de réception : Mˡˡᵉ Godefroy, élève du grand artiste et
femme déjà âgée, faisait les honneurs en compagnie de
Mᵐᵉ Gérard. A minuit, selon la mode italienne, on arrivait
chez le peintre du *Sacre de Charles X*. Le thé était servi et
l'on passait quelques menus gâteaux. Gérard causait avec
cette verve spirituelle que tous ses contemporains se sont plu
à lui reconnaître, sa femme s'attablait à une féroce partie
de whist, et l'intimité commençait entre le premier peintre
du Roi et ses nombreux invités. Le mercredi de chaque
semaine, on était presque assuré de rencontrer dans le salon
de la rue Bonaparte, Mˡˡᵉ Mars, Talma, Mᵐᵉ Ancelot,
Mˡˡᵉ Delphine Gay, Mérimée, Jacquemont, le comte
Lowœnhielm, le paradoxal Henry Beyle, Eugène
Delacroix et quelquefois Humboldt, et l'abbé de Pradt,
le comte de Forbin et Pozzo di Borgo, le comte de
Saint-Aignan et le baron Desnoyers, Cuvier, M. Heim
et divers personnages aujourd'hui oubliés.

On se réunissait souvent encore chez la duchesse d'Abrantès, veuve de Junot, chez le savant
Charles Nodier qui ouvrait son salon comme
une arène aux romantiques et aux classiques;
on allait s'égayer chez le vicomte d'Arlincourt
ou chez M. de Montyon, qui paraissait un vert
galant, étant resté fidèle à la poudre et aux
costumes d'antan; on politiquait chez Mᵐᵉ de
Boigne, qui recevait deux fois la semaine, rue

1820

de Lille, une assemblée triée sur le volet du faubourg Saint-Germain. D'autre part, on s'égarait parfois dans la société littéraire de Mme de Chastenay, où le vicomte Alexis de Saint-Priest déclamait sans pitié pour l'auditoire des tragédies sans fin et des comédies sans commencement; on faisait visite à Mme de Flahaut dans son hôtel des Champs-Élysées, mais la plupart de ces derniers salons inauguraient, à vrai dire, le règne de Louis-Philippe, plutôt qu'ils ne terminaient celui de Charles X. L'Histoire de la Société sous la Restauration est encore à faire et le sujet serait attrayant. Aussi bien en politique et en art qu'en littérature, on y verrait naître, dans différents groupes, toutes les sommités de ce xixe siècle, qui vit se former la plupart de ses grands esprits dans les foyers brillants de cette belle période si fertile en hommes de haute valeur.

1820

❧

La Société parisienne sous la Restauration était divisée par classes distinctes; dont chacune était cantonnée, confinée, pour ainsi dire, en ses quartiers. — Il y avait la bonne compagnie du Marais, celle de la Chaussée-d'Antin et celle du noble faubourg, sans compter les sociétés libres d'artistes et de rapins qui demeuraient fermement les intransigeants de la République des convenances. Entrons à la suite d'un contemporain, M. Antoine Caillot, dans un salon du faubourg Saint-Germain : « Devant un grand feu sont assis en demi-cercle, sur de larges fauteuils de tapisserie ou de damas cramoisi, à pieds, et à contours dorés, deux pairs de France, deux députés du côté droit, un officier général, un évêque, un abbé décoré, deux douairières. Ces graves personnages s'entretiennent du temps passé en le comparant avec celui qui court. Les deux vieilles duchesses ou marquises ne trouvent rien d'aussi ridicule que les pantalons ou les cheveux à la Titus, et cependant les deux pairs, les deux députés et le lieutenant général des armées du Roi portent des pantalons et ont les cheveux coupés. L'une de nos douairières ne se rappelle plus qu'au temps jadis elle ne pouvait entendre prononcer le nom de culotte, et qu'elle criait *fi donc!* en détournant la tête lorsque ses regards étaient tombés sur des hauts-de-chausses trop étroits.

« Nous passons dans une salle voisine et nous y trouvons deux vieillards, chevaliers de Saint-Louis, de l'ordre de Malte et de la Légion d'honneur, qui s'escriment au tric-trac; à six pas d'eux, un garde du corps et un lieutenant de la Garde Royale jouent à l'écarté avec deux jeunes comtesses ou baronnes. La maîtresse de la maison fait gravement sa partie de piquet avec un aumônier du Roi. Il arrive de temps en temps que de ce salon s'échappe une nouvelle, vraie ou fausse, qui, les jours suivants, donnera de la tablature aux habitués de la Bourse et aux journalistes. »

De l'aristocratie nobiliaire si nous sautons à l'aristocratie financière, si du monde où l'on s'ennuie nous arrivons au monde où l'on agiote, nous trouvons trois pièces de plain-pied, un billard dans l'une, deux écartés dans l'autre, dans la troisième des hommes qui s'entretiennent de finances, de politique, des femmes qui babillent sur les modes et les spectacles; des meubles de Jacob, des bronzes de Ravrio, des colifichets du *Petit Dunkerque,* le grand magasin qui tient la vogue, des profusions de glaces, de petites pâtisseries et de rafraîchissements. Un bon ton cherché, voulu, trop maniéré, règne parmi ces riches manufacturiers, agents de change et banquiers; quel-

1820

13

ques artistes fourvoyés chez ces Plutus s'y sentent mal à
l'aise, des pique-assiettes et des spéculateurs font la courbette auprès des dames ; on jase plutôt qu'on ne cause,
disait-on alors, dans un salon de la Chaussée-d'Antin.

Au Marais, on trouve un vieil hôtel orné de sérieuses et
antiques dorures intérieures ; de jolis meubles anciens, des
peintures de maîtres, une grande sévérité d'ornementation dans les tapisseries, tout un mobilier qui
repousse l'idée d'une fortune nouvelle ; un grand
feu sous une vaste cheminée, des candélabres à
sept branches, point de lampes. — De vieux
serviteurs en livrée introduisent les invités, tous
hommes de politesse scrupuleuse et de grande
affabilité. Dans les salons, on a disposé trois
bostons, un piquet, une table d'écarté pour les
jeunes gens de la maison. Les personnes âgées
causeront près de l'âtre, sur l'indemnité des
émigrés, sur M. de Villèle et son trois pour
cent, sur le général Foy et l'Empereur
Alexandre, sur Bonaparte, Sainte-Hélène et les
Bourbons, sur M. de Chateaubriand et Benjamin Constant ; en un mot, sur les nombreuses
questions et événements à l'ordre du jour.

1821

Dans les salons de la petite bourgeoisie, on se réunit
sans façons, on sert le thé et les meringues à la crème et
l'on se groupe autour d'une vaste table pour jouer au
Schniff, au *Chat qui dort*, au *trottain*, *à la peur*, *à l'as qui
court* et autres petits jeux « bons enfants » qu'égayent les
lazzis des joyeux compères attablés.

Un écrivain qui signe l'*Indécis* a laissé dans le *Journal des dames et des modes* de 1817 un frais pastel de la jeune Parisienne de ce temps : « Elle a de beaux cheveux blonds relevés en nattes sur la tête ; un petit kachemire est jeté négligemment sur ses épaules, son cou est d'une blancheur éblouissante et ses yeux tour à tour brillent d'un feu vif qui vous pénètre, ou bien sont d'une langueur qui vous enchaîne.

« Elle est svelte et légère, sa taille est souple et voluptueuse ; quand elle est à sa harpe, elle se balance en préludant avec un art qui vous transporte ; c'est Sapho, c'est Corinne !

« ... Quel nom ai-je prononcé : *Corinne !* Ah ! mes yeux se remplissent de larmes et ces accords mélancoliques, ces jours harmonieux, cette voix ravissante ont porté le trouble en mes sens...

« On sonne, on vient ; c'est une marchande élégante, chargée de fleurs et de collerettes. Mille essences parfument sa corbeille. Les garnitures sont jetées sur la harpe, sur les chaises, sur le parquet. On essaye une jolie capote, on fait quelques pas devant la glace, on boude, on s'examine, on rit, on gronde, on renvoie tout cela, tout cela est affreux ! On s'étend sur le canapé, on prend un livre, on lit, ou plutôt je crois qu'on ne lit pas, on me regarde, je m'approche, on se lève furieuse, on m'ordonne de sortir, on a la migraine, on s'appuie sur moi ; on souffre ; on est malheureuse..., excessivement malheureuse.

« Justine entre discrètement, apportant une lettre à sa maîtresse ; elle l'ouvre avec inquiétude, je veux la voir, elle la déchire, il faut répondre, elle tire de son sein

1822

un petit livret dont elle déchire un feuillet; elle écrit au crayon deux mots, deux chiffres, deux signes symboliques; je me fâche à mon tour de ces mystères, je veux savoir... *Je veux savoir!* Voilà bien un mot de mari. On se moque de ma colère, on se met à son métier, on veut être calme, on brode sur le coin d'un mouchoir une guirlande de myrte et de roses, l'amour est à l'autre coin avec ses ailes et son carquois. Les jeux et les ris sont aux angles opposés c'est un dessin tout à fait anacréontique, et les sujets sont pris dans les vignettes du petit *Almanach des Dames.*

« Mais déjà le mouchoir et le métier sont bien loin; on fait avancer la calèche, on s'élance sur le trône roulant; dans cet élan rapide toutes les formes sont dessinées; l'œil attentif aperçoit au haut d'une jambe divine une jarretière historiée et à rébus.

« Entraîné, attiré, étourdi, ébloui, je monte aussi dans la calèche : on va aux montagnes Beaujon, aux Champs-Élysées, aux Tuileries, au *Combat des Montagnes,* chez Tortoni, au boulevard de Gand. Je me perdrais dans le tourbillon sans le bel astre qui me conduit et qui m'éclaire. »

1822

Tel est le croquis aimable et encore très fraîchement conservé d'une demi-journée de mondaine en l'an de grâce 1817.

❦

Dès le mois d'août 1815, le *Boulevard de Gand* était devenu le rendez-vous ordinaire de la classe opulente; il attirait non seulement la foule, mais la cohue la plus impénétrable que l'on puisse imaginer; on s'y donnait rendez-

INTÉRIEUR DU PANORAMA DE BOULOGNE
(1824).

LE THÉATRE DE MADAME

(1827).

vous sans pouvoir s'y joindre. Cette partie du boulevard,
cette *allée*, comme on disait alors, présentait aux regards
des curieux le double spectacle de la beauté parée de tous
ses charmes et de la coquetterie déployant publiquement
jusqu'à ses moindres ressources. La petite-maîtresse venait
là pour faire l'essai de sa toilette et montrer tour à tour sa
robe brodée à jour, son chapeau de gros de Naples, ombragé
de marabouts fixés par une rose à cent feuilles, son pardessus écossais et ses cothurnes de satin; l'homme à bonne
fortune, le vainqueur des salons y racontait ses conquêtes
passées et ses projets futurs; le banquier y marchandait
l'emploi de quelques heures de sa journée, et la petite bourgeoise ambitieuse s'y glissait à la dérobée pour épier les
secrets de la mode, afin de retourner gaiement chez elle
exploiter la faiblesse conjugale et prélever tendrement un
impôt sur les revenus incertains de son époux. — Toute
femme sortait foulée, chiffonnée de cet encombrement du
boulevard, trop heureuse encore si la moitié d'une garniture de robe n'était pas enlevée au passage par l'éperon
d'acier que le bon genre mettait aux talons de tous
les jeunes élégants, qu'ils fussent cavaliers ou non.

Du boulevard de Gand on se rendait chez Tortoni qu'on venait de remettre à neuf et dont les
salons brillaient d'éclat sous leurs lambris
blancs et or. Les femmes étaient accoutumées
à entrer dans ce café qui semblait leur être
réservé; on y voyait toute la jeunesse aimable
de la capitale, et il était d'usage de passer là
une heure à déguster lentement le punch
ou les sorbets en grignotant des gaufrettes.
On déjeunait chez Tortoni mieux qu'au
café Anglais, ou que chez Hardy, Gobillard
et Véfour. On prenait des *riens*, des *misères*,
des papillotes de levraut ou des escalopes de

1822

saumon ; mais tout cela était touché par la main d'un chef délicat. Les habitués de Tortoni se divisaient en deux classes
bien distinctes : les boursiers et les fashionables, dont la
plupart appartenaient à la race des *béotiens*. Les premiers
arrivaient sur les dix heures ; ils déjeunaient légèrement,
puis commençaient le jeu avec fureur : *J'ai quinze cents !* —
*Je les prends fin courant à soixante-cinq quarante. — J'offre
des Cortès à dix et demi !... — Qui veut des ducats à
soixante-seize cinquante ?* Et ainsi, de onze heures à une
heure ; on criait, comme chez Plutus ; les paroles se croisaient, l'agio allait son train ; il se trafiquait aussi à Tortoni
une masse énorme de rentes sur parole.

A l'étage au-dessus, le clan des *gants jaunes* se réunissait ; on ne voyait là que bottes pointues garnies d'éperons,
fracs anglais, pantalons à guêtres et badines à la main. On
causait chiens, chevaux, voitures, sellerie, courses, chasses,
c'était le salon des *Centaures*.

Vers l'après-midi, centaures et financiers se retrouvaient
parfois, le cigare aux lèvres, sur la balustrade de bois, en
forme de perron, qui séparait le café du Boulevard, à l'heure
de l'affluence et des équipages, quand il semblait de bon
ton de citer le nom de toutes les femmes qui descendaient
de voiture à la porte du glacier-restaurant.

Sur la fin de l'été 1816, on se portait, après l'heure de
Tortoni, sur le quai Voltaire afin de voir fonctionner le premier bateau à vapeur destiné au service de Rouen. Les
petites dames et les gandins descendaient de leur cabriolet
ou de leur tilbury et se faisaient conduire dans un canot
jusqu'à la machine d'invention nouvelle ; là, ils faisaient
mille questions d'un air d'indolence et d'indifférence sur le
mécanisme et, sans attendre de réponse, ils regardaient
couler l'eau et lorgnaient les femmes sur les ponts, dans la
direction des bains Vigier, qui étaient encore en grande
vogue ; puis ils remontaient dans leurs voitures pour se

rendre au bout du boulevard du Roule, sur l'ancienne route de Neuilly, au *Jardin des Montagnes russes*.

Ces montagnes aériennes étaient la grande folie du jour; chaque quartier de Paris eut peu à peu ses *Montagnes* qui étaient offertes avec orgueil à l'affluence des amateurs. On en éleva au faubourg Poissonnière, à la barrière des Trois-Couronnes, aux Champs-Élysées, sur le boulevard Montparnasse. Partout, la foule se portait avec un empressement qui justifiait les calculs des entrepreneurs. Le goût des Montagnes gagnait jusqu'aux dernières classes de la société; l'artisan et la grisette dégringolaient en espérance tout le long de la semaine, et s'en dédommageaient le dimanche par la réalité. On imita les Montagnes russes, on fit les *Montagnes suisses*. La vogue suivit longtemps les entrepreneurs, et les auteurs dramatiques portèrent sur la scène cette fureur du jour qui ne disparut guère qu'aux approches de 1835. On joua, on chanta, on mangea même les *Montagnes russes*; elles inspirèrent des couplets fort gais au chansonnier Oury et un tableau curieux pour le théâtre du Vaudeville; enfin elles baptisèrent un bonbon nouveau, d'un goût exquis, qui fit la fortune de deux confiseurs dont la renommée, on peut le dire, *vo'a de bouche en bouche*.

Tout le beau monde se rendait aux *Montagnes* du jardin Beaujon; on allait y faire admirer sa toilette et y étaler ses grâces, en glissant dans le chariot, debout, agitant un schall au-dessus de sa tête comme une nymphe de la danse. On montait en chariot par couple, mari et femme, amant et maîtresse; puis on se laissait dégringoler avec fracas, dans un tourbillon, serrant de près son cavalier, le plus souvent poussant de petits cris d'effroi qui divertissaient les spectateurs; on applaudissait aux courageuses et parfois imprudentes entreprises de

1823

femmes sveltes et hardies qui descendaient les montagnes aériennes comme des sylphides, mais on riait d'autre part, on se pâmait de joie ironique lorsque quelque grosse dame obèse et minaudière s'ingéniait à vouloir monter en char et à rouler effarée dans les spirales et les courbes de ces précipices avec le bruit de tonnerre de sa lourde avalanche.

A côté des Montagnes du *Jardin Beaujon* était un restaurateur qui faisait chair délicate. Le riche banquier, le prodigue marquis, le lord puissant, la coquette légère y trouvaient d'élégants cabinets préparés à leur intention, où ils goûtaient la joie indicible de jeter avec folie l'argent par les fenêtres. — C'était la grande fête des viveurs de 1820.

Les plaisirs sous la Restauration étaient assez nombreux ; à l'extrémité du grand carré des Champs-Élysées, le jeu de paume avait repris ses droits ; on jouait aux boules et aux quilles avec passion, ce dernier amusement se nommait aussi le *Jeu de Siam* ; l'industrie parisienne avait encore inventé la balançoire du jeu de bague. De tous côtés, ceux que n'abrutissaient pas les tripots du Palais-Royal se livraient aux exercices physiques, à la natation, à l'équitation, à la course et contribuaient à préparer cette naissante et solide génération de 1830, qui peut être considérée à bon droit et à différents titres comme la plus glorieuse de ce siècle étonnant.

La Restauration avait surtout apporté une nouvelle forme d'équitation ; le long séjour en Angleterre d'un grand nombre d'émigrés leur avait fait adopter, entre autres modes du Royaume-Uni, celle de se tenir d'une certaine manière sur un coursier et d'en diriger l'allure. Aussi, tout — dans les cavalcades et la plupart des équipages de

L'ENTRÉE DE LA COMÉDIE-FRANÇAISE
(1828).

PROMENADE D'HIVER AU LUXEMBOURG
(1830).

la Cour — fut bientôt à l'anglaise. L'art français d'équitation fut exclu un instant des manèges, et dans les promenades publiques, sur les boulevards, au Bois de Boulogne, on ne vit que des cavaliers qui, d'après les principes imposés, obéissaient à tous les mouvements de leur cheval ; on n'aperçut que des jockeys, en culotte de peau, montant des coursiers anglais. L'équitation s'était tellement développée qu'on put former un régiment complet de la garde nationale à cheval, exclusivement composé de gentlemen et dont le costume était on ne peut plus gracieux.

La Restauration, en favorisant les exercices du corps dans la jeunesse parisienne, rendait en même temps un service réel à la morale publique. La débauche était moins forte que sous l'Empire, partout une réaction heureuse s'opérait. La plupart des bals en permanence, qui n'étaient qu'un prétexte à la prostitution, étaient abandonnés ou fermés ; la censure théâtrale, en veillant à ce que les bonnes mœurs ne fussent plus outragées, avait arrêté les obscénités que les saltimbanques débitaient sur des tréteaux, en public, et qui, aussi bien par les gestes que par les chansons, ne donnaient que de trop tristes leçons de débauche au bas peuple qui s'assemblait pour les applaudir et s'en égayer.

Au milieu de tous les plaisirs et des différentes fêtes qui donnèrent de l'éclat aux règnes de Louis XVIII et de Charles X, les femmes apportèrent un fond de tristesse, de désabusement, de mélancolie qui leur faisait décrier partout les vains plaisirs du monde. A entendre leurs gémissements, leurs phrases sentimentales et philosophiques sur le bonheur de l'indépendance et de la tranquillité sédentaire, on les eût prises pour d'infortunées victimes des conventions sociales. Toutes rêvaient en apparence une vie simple, champêtre, solitaire, un bonheur intime à deux, dans un désert qu'on peuplerait d'amour et de tendresse. Elles se donnaient pour sacrifiées aux exigences du monde, à la situation de leur mari, à l'avenir de leurs filles qu'il fallait cependant conduire au bal ; cette vie fiévreuse, tissée de banalités, faite de mensonges et de fadeurs, cette existence assujettissante où elles gaspillaient leur âme et leur esprit était, — d'après leur dire, — contraire à toutes leurs aspirations élevées et à leurs sentiments les plus intimes. Que de soupirs, que de larmes discrètes ! Et leurs discours ! « La société de Mme X*** était mourante. Elles étaient excédées de dîners et de bals. Quelle nécessité de se parer, de passer journellement quatre heures à sa toilette ! » Elles déclaraient trouver la Comédie-Française insipide, l'Opéra ennuyeux, Brunet et Potier pitoyables, Monrose navrant, Perlet flegmatique et énervant, Bobèche de mauvais ton, et, cependant, elles se ruinaient en schalls, en habits, en chiffons ; elles demandaient avec ardeur des présentations et des billets ; elles intriguaient pour être de toutes les fêtes, elles se prodiguaient autant que possible dans tous les festins, concerts, spectacles et raouts de rencontre.

C'est que, à vrai dire, la femme de la Restauration, — ainsi que la femme de tous les temps, — était curieuse d'inconnu, assoiffée d'étrange, amoureuse d'imprévu ; elle allait partout avec ennui à la recherche d'une sensation forte, d'une commotion subite, et elle n'ignorait pas que, pour trouver l'amour, il fallait en tous lieux déployer la coquetterie. Mais, en vérité, de 1815 à 1820, la Française semble perdre de ses grâces. Sombre, prude, pessimiste, très engoncée au moral comme au physique, elle n'a plus les attirances de la coquette impériale et ne laisse pas encore pressentir les charmes pénétrants des élégantes de l'âge romantique.

LES PARISIENNES DE 1830

USAGES ET RAFFINEMENTS DES ÉLÉGANTES
DE L'AGE ROMANTIQUE

L E TYPE féminin le plus cherché, le plus à la mode vers
1830 est, à n'en point douter, celui d'une de ces femmes
de trente ans, chantées par Balzac et dont la beauté
rayonne et s'épanouit dans tout l'éclat de son été
parfumé. — De nature froide en apparence et
uniquement amoureuse de soi-même, cette souveraine veut se réchauffer aux hommages du
monde, et elle dresse ses vanités en espalier, afin de
recevoir de toutes parts les caresses enivrantes du faux
soleil de la flatterie. Ce qu'elle cherche, ce sont des
émotions et des jouissances de coquette ; pour conserver
cette place de femme à la mode dans un temps où la
gloire est si capricieuse, il lui a fallu autant d'habileté que
de bonheur, autant d'adresse que de beauté, autant de calculs

que de chances favorables, elle a dû faire abstraction de
ses caprices, de ses fantaisies, presque de son cœur. Pour
maintenir ce pouvoir envié et attaqué de grande première
coquette, chaque jour remis en question comme le pouvoir
d'un premier ministre, il lui a fallu équilibrer sa vie avec
sûreté, et aussi avec quelle prudence et quelle politique!

— Pénétrons, si vous le voulez bien, chez une femme à
la mode vers 1830 dès l'heure tardive de son petit lever.

De légers nuages, d'une vapeur parfumée, s'élèvent d'une
corbeille de fleurs soutenue par un trépied doré, et le
flambeau d'un petit amour, tout façonné d'émaux et de
pierreries, répand dans la chambre de la jeune endormie
l'incertaine clarté d'une veilleuse. Cette douce lueur, tantôt
reflétée dans les glaces, tantôt se balançant sur des draperies
azurées, pénètre le mystère d'une mousseline transparente
et éclaire un piquant désordre, vestige de plaisirs, d'élégance, de coquetterie, de sentiment peut-être, de tout ce
qui révèle enfin le joli nid d'une femme heureuse. Des
kachemires suspendus aux patères, vingt nuances de gazes
et de rubans qui attendent un choix; des livres et des
plumes, des fleurs et des pierreries; des extraits d'ouvrages
et de manuscrits commencés; une broderie sur laquelle
une aiguille s'est arrêtée; un album rempli de croquis et
de ressemblances inachevés; puis les meubles qualifiés alors
de somptueux, les ornements gothiques, les peintures aux
fraîches et douces images, et la pendule emblématique qui
sonne onze heures du matin et vient porter le réveil dans
cette alcôve où repose tout ce que la jeunesse et la grâce
peuvent réunir de séduisant sous les traits d'une femme à
la mode.

La belle s'éveille lentement, ses yeux errent incertains
dans le demi-jour de la chambre, elle s'étire langoureuse-
ment dans la chaleur moite des draps: elle passe, comme
une caresse, sa main sur son front brûlant encore des

UN DIMANCHE AUX TUILERIES
(1831).

AUX CHAMPS-ÉLYSÉES
(1832).

fatigues de la veille; ses lèvres s'entr'ouvrent pour donner place à un léger et nonchalant soupir. Elle sonne enfin ses femmes de chambre pour procéder à son premier négligé, composé d'un peignoir en jaconas blanc, ayant une toute petite broderie en tête de l'ourlet, une chemisette en batiste à collet rabattu, garnie de valenciennes, et des manchettes ornées de même. Elle ajoute à cela un petit tablier en gros de Naples, nuance cendrée, brodé tout autour d'une guirlande en couleurs très vives; un fichu de dentelle noué en marmotte sous le menton, puis des demi-gants couleur paille, brodés en noir. Elle chausse enfin des pantoufles en *petits points*, entourées d'une faveur plissée à petits tuyaux, comme les portait Mme de Pompadour, et ainsi vêtue, elle se rend à la salle à manger où le déjeuner est servi : un déjeuner mignon, léger, qu'on dirait composé d'œufs de colibri; un doigt de vin de Rancio pour mouiller ses lèvres..., ce sera tout.

L'après-midi, l'élégante à la mode revêtira, aux premiers jours de printemps, une robe en chaly semée de bouquets ou de petites guirlandes formant colonnes; le corsage drapé ou à schall, en dedans un canezou à longues manches en mousseline brodée. Elle prendra une écharpe en gaze unie, une ceinture et des bracelets en rubans chinés; sur sa tête elle jettera coquettement un chapeau de paille de riz orné d'un simple bouquet de plumes, et chaussée de bottines en gros de Naples couleur claire, elle descendra se blottir dans un brillant équipage pour parcourir la ville et faire quelques visites à diverses coquettes en renom, dont le jour de réception est marqué sur son petit agenda d'ivoire.

Dans ces visites on parle de toutes choses, on demande quelle grâce nouvelle la mode

1825

va donner aux fleurs et aux rubans, on écoute la lecture de
quelque pamphlet du jour ou d'un poème aux vaporeuses
fictions; on parle peinture, musique; on discute les doc-
trines, on médit de son siècle et on fait passer sur ses
lèvres de roses tous les discours d'un machiavélisme à la
mode; cela posément, correctement, en ménageant ses
gestes, en faisant valoir le chiffonné de sa jupe, la petitesse
de son pied, la fine cambrure de sa taille, l'élégance de sa
main gantée; on parle surtout chiffons et théâtres. Ah! les
chiffons! quelle fureur!

« Marquise, avez-vous lu *le Bon Ton* de ce matin? — Non,
chère baronne, et cependant j'y suis abonnée, ainsi qu'à *la
Gazette des Salons* et au *Journal des Dames et des
Modes...* — On y donne une mode nouvelle dont je n'ai encore
vu qu'un modèle au thé de mylord S... Qui a pu donner
cette description au journaliste?... Figurez-vous, chère
belle, une robe en velours ponceau, avec un corsage à la
grecque entouré d'une petite broderie d'or; sous les plis
de ce corsage parfaitement soutenu et formant godets comme
dans les costumes antiques, se voyait un corsage de satin
blanc, entouré aussi d'une petite broderie d'or qui servait
de tête à une blonde haute de quelques lignes
seulement et posée à plat. Une double
draperie en velours, relevée et pincée sur
l'épaule par une agrafe d'or façonnée,
retombait sur une manche de blonde à
dessins de colonne et froncée au poignet...
— Mais c'est purement délicieux, baronne!
— Attendez, ce n'est pas tout; pour
compléter ce costume d'un genre tout
odalisque et enrichi encore par de
superbes diamants, on avait ajouté un
turban, gaze blanche et or, orné de
deux membranes d'oiseau de paradis,   1825

dont l'une était attachée contre le front, l'autre sur la tête en sens inverse. — Dieu! la divine toilette! — Aussi bien, marquise, suis-je encore dans l'indécision si je l'adopterai, quoique je sois de petite taille et qu'elle ne convienne qu'à ces colosses de femmes de l'Empire, qui ont toutes les fadasseries possibles à côté de leur coquetterie.

« Baronne, étiez-vous à l'Opéra avant-hier ? — Mais assurément, on donnait *Robert*, dont je raffole ; ces flots de pénétrante et ravissante harmonie me grisent le cœur ; je trouve Mme Damoreau faible cependant, et Nourrit exagéré et je regrette Levasseur

1825

et Mlle Drus. — Pour moi, je me réserve, baronne, au plaisir de voir la Taglioni dans la *Sylphide* ; il paraît qu'elle y exerce une irrésistible attraction et que les soirs où elle paraît, il y a foule. — Comment, ma chère petite, vous ne l'avez point vue encore...; mais c'est insensé ! hâtez-vous vite... »

Ainsi se succédaient les conversations dans ces visites de femmes à salons, sans compter qu'on y torturait l'esprit, qu'on y exploitait la médisance, qu'on y minaudait sans fin, qu'on y vantait de vieilles gloires de la fashion sans pouvoir se décider à ériger de jeunes triomphes. Aucun naturel dans le débit, mais beaucoup d'afféterie et de dissimulation habile. Les phrases à la mode ont cours forcé.

Avez-vous vu le dey d'Alger ? Dom Pedro ? La jeune Impé-ratrice du Brésil ? — telles sont les questions du jour et, à moins d'être sauvage, il faut répondre qu'on a vu ce dey détrôné, qui s'intitule sur ses cartes de visite *Hussein, ex-dey d'Alger,* qui dîne de deux poules cuites à l'eau et qui enferme ses femmes comme des billets de banque ; il faut

encore insinuer que Dom Pedro a l'air noble, froid, quelque
peu mélancolique et que sa tournure élégante se dessine
à ravir dans son habit militaire. On ajoute, pour n'être
point taxée de provinciale, que sa jeune et jolie femme a le
front radieux de grâce et de jeunesse et qu'elle n'avait point
besoin, pour briller, de l'éclat d'un diadème.

Notre élégante à la mode, ses visites faites, trouvait la
possibilité de se rendre à l'exposition des tableaux pour y
observer les efforts de notre jeune école. Son isolement ne
l'arrètait pas, car le temps n'était plus où une femme redoutait de se rendre seule dans une institution publique. Elle
était assurée d'y rencontrer quelques jeunes dandys, la fleur
des pois des salons parisiens, pour papillonner autour d'elle
et analyser le coloris des peintures en sa compagnie.

Au salon de peinture, Horace Vernet, Delaroche, Decamps,
Couture, Ingres, Delacroix, Scheffer, Dubufe, sont les
noms qui résonnent cent fois à son oreille, alors qu'elle
parcourt les longues salles garnies des tableaux de l'année :
la *Marguerite* de Scheffer la retient un instant et elle se
mêle aux groupes qui discutent sur le mysticisme de coloris
que le peintre emprunte à Gœthe, et sur le
charme étrange et vaporeux de cette composition. Paul Delaroche fixe également son attention avec sa *Jeanne Gray*, dramatique comme un
cinquième acte de tragédie. Le bourreau excite
son enthousiasme, elle apprécie surtout l'expression indéfinissable et touchante de la pauvre
Jeanne. Autour d'elle, on raconte que le
modèle dont le peintre se serait servi pour
mettre en relief la charmante suppliciée
n'est autre que Mlle Anaïs, la belle socié-
taire de la Comédie-Française et, pour
être au fait de toutes choses, elle donne
aussitôt aux amis de rencontre l'anecdote

1828

pour véritable et comme la tenant de l'artiste même.

La coquette étourdie, grisée, rentre enfin chez elle, se fait déshabiller et livre sa tête à son coiffeur, artiste en renom qui est à la fois physionomiste, chimiste, dessinateur et géomètre. Celui-ci — autre bourreau — s'empare de la tête, en examine attentivement toutes les formes; le compas à la main, il trace des contours, des angles, des triangles; il observe des distances entre les angles du front, s'assure des proportions de la face et s'applique à bien saisir les rapports entre les deux côtés du front et les deux côtés de la face, qui commencent sa chute et se terminent au-dessous des oreilles. Il imagine alors un genre de coiffure qui tempère ce que la physionomie de la belle a de trop piquant, il crée un retroussé *à la chinoise*, qui lisse les cheveux sur la tempe et laisse au front tout son éclat et sa pureté de dessin. Parfois aussi, selon sa fantaisie, il tresse des nattes, des coques étourdissantes et pyramidales qu'il étage savamment sur le sommet de la tête, laissant sur les côtés deux masses de petits bandeaux semblables à des grappes qu'il frise et bouillonne avec un art charmant.

Aux questions de sa cliente, le coiffeur répond d'un ton doux et respectueux; il n'attend pas toujours qu'on l'interroge et il raconte volontiers les anecdotes qui sont venues à sa connaissance ou qu'il a apprises par la lecture des journaux. Le coiffeur de 1830 est essentiellement romantique, mais il a l'art de se montrer selon les milieux, ou ministériel, ou libéral, ou royaliste; il cite indistinctement la *Quotidienne*, le *Drapeau blanc* ou le *Journal des Débats*. Lorsqu'il a disposé avec goût, sur l'édifice qu'il vient d'élever si délicatement, des fleurs, des plumes, une aigrette, des épingles à pierres fines ou un

1829

15

diadème, notre Figaro se retire, et la belle élégante passe alors une robe d'organdi peint, à manches courtes, avec corsage décolleté à la vierge; elle prend discrètement quelques diamants, boucles d'oreilles et collier, et daigne alors se faire annoncer que Madame est servie.

Le diner d'une femme du romantisme n'est pas long; la gastronomie n'est pas un plaisir qui convienne à ses goûts; le positif de la vie en est devenu l'accessoire; elle aime à penser, elle veut une existence tout intellectuelle, des jouissances qui répondent aux progrès de son imagination affinée. Ce qui fait palpiter ses sens, ce ne sont pas les soupers fins, les mets recherchés; en ce temps de byronisme, la mode n'est plus là; il est de suprème bon ton de mourir de faim et de boire la rosée du ciel. Il lui faut les débordements de la politique et ses frémissantes émotions, les exagérations de la poésie féroce, les invraisemblances

1830

amoureuses de la scène, les poignantes sensations des drames sanguinaires. Elle se plait dans ce délire d'actions et de pensées, dans les extravagances du rève; elle ne se déclare satisfaite de l'existence qu'autant qu'elle se trouve être saccadée, échevelée, surmenée par les plus terrifiantes impressions.

Le soir, notre coquette mondaine se rend au théâtre, avant le bal; elle va de préférence à la Comédie ou à la *Renaissance* se saturer des tableaux de l'école des outranciers; elle ressent toutes les passions des héros du romantisme; elle partage leurs ivresses et leur agonie. Ces crimes, ces étreintes amoureuses, ces larmes, ces supplices, ces

voluptés, ces bizarreries, ces tortures apportent
à son cœur délices profondes et angoisses féroces
à la fois.

Elle sort, le monde la reprend, l'accapare ; elle
se couche le soir sous sa cornette de dentelle,
la tête bourdonnante d'illusions, le cœur bruis-
sant de vague comme un coquillage creux ; mais
demain, à son réveil, elle pensera avoir rêvé la
veille au soir, et elle reprendra la livrée de la
Mode qui fait d'elle une Reine éphémère et
dépendante, une véritable idole publique.

Il n'y avait point de réunion où les femmes
ne fussent admises à Paris sous la monarchie
de Juillet ; dans tous les cercles, elles avaient
droit à prendre rang, soit par leur mérite,
soit par leur beauté.

1831

Aux bals, à la Chambre des députés, aux spectacles et
aux prédications Saint-Simonistes, aux Athénées, au bois de
Boulogne, enfin partout où se rencontrait quelque agitation
d'esprit ou d'industrie, on était sûr de trouver des femmes.
La Bourse même leur inspirait des idées spéculatives que
l'on comprenait difficilement en regardant l'expression
légère et frivole de leur physionomie. Voici comment s'ex-
prime à ce sujet un grave journal, *le Constitutionnel* de
novembre 1831 :

« La manie de la Bourse a pris depuis quelques mois un
accroissement extraordinaire ; elle gagne les dames elles-
mêmes qui comprennent aujourd'hui et emploient, avec
autant de facilité que l'agent de change le plus consommé,
les termes techniques du parquet. Elles raisonnent la prime
et le report comme les vieux courtiers marrons. Tous les
jours, d'une heure et demie à trois heures et demie, les galeries de la Bourse sont garnies d'une foule de dames élégantes, qui, l'œil fixé sur le parquet, correspondent par

gestes avec les agents de change ; il s'est même établi des
courtiers femelles qui reçoivent les ordres et les transmettent
aux commis, qui viennent les prendre à l'entrée de la
Bourse. Nous ne voulons pas nommer la plus remarquable
de ces dames : elle a obtenu de bien jolis succès sur un
théâtre et fait une grande fortune qu'elle vient elle-même
exploiter à la Bourse [1]. » — Les femmes qui allaient à la
Bourse adoptaient un costume sévère et de circonstance,
presque toujours composé d'un manteau, d'une capote en
velours avec voile de blonde noire ; dans la ceinture, elles plaçaient un petit carnet de bois de santal avec son crayon d'or.

Les dimanches, aux prédications des Saint-Simonistes,
dans la salle Taitbout, les élégantes remplissaient toutes les
premières loges du rez-de-chaussée. La mode était venue
de se rendre à ces réunions de Saint-Simonistes, soit pour
analyser la nouvelle doctrine, soit pour en combattre les principes, soit encore pour jouir de l'entraînement d'une élo
quence vraiment remarquable ou apprécier le mérite d'une
nouvelle idée présentée dans un cadre brillant. La plupart
des femmes qui se trouvaient là voulaient principalement se
mettre au courant de la conversation à la mode, et comprendre autant que possible comment la *communauté*
pouvait un jour remplacer l'*hérédité*. Tous les
sophismes séduisants de la nouvelle religion étaient
débités par de jeunes apôtres enthousiastes
qui avaient des succès d'homme et d'orateur à la fois. Les rites Saint-Simoniens
n'excluaient pas du reste la coquetterie
ni la grâce, à en juger par la rare élégance des plus fougueuses sectatrices
qui composaient ce nouvel aréopage.
On retrouvait tout ce qu'Herbaut,
Victorine, Palmyre et Mme Minette,

1831

1. C'est probablement d'Alice Ozy qu'il s'agit.

UN COIN DU BOULEVARD DES ITALIENS
(1833).

LES ÉLÉGANTS ROMANTIQUES
Un bal en 1834.

les hautes réputations à la mode d'alors, faisaient de mieux en coiffures, robes et rubans. Comme pour ces réunions les manteaux étaient embarrassants, ces dames avaient adopté de préférence des douillettes en satin gros d'hiver ou des robes guimpes en velours avec kachemires et boas.

A la Chambre des députés, c'était un contraste piquant que celui de tant de physionomies gracieuses et de tournures élégantes réunies dans une enceinte où ne s'agitaient que de graves questions et des discussions diplomatiques. Là, comme dans les grandes fêtes d'hiver, on distinguait les femmes le plus en réputation pour le luxe et les succès du monde. Il y avait des tribunes où l'on n'apercevait que des plumes, des kachemires et de riches fourrures, des douillettes, de satin d'Orient, des redingotes en velours soie, des manteaux de Thibet ou d'étoffes damasquinées. A la sortie des séances, avant de prendre place dans leurs équipages, ces dames jasaient de questions du jour, parlaient chiffons, détaillaient réciproquement leur toilette et apportaient sur le péristyle du temple des lois une grande gaieté et comme un gazouillis charmeur d'oiseaux.

La mode de monter à cheval se propagea de plus en plus chez les femmes de Paris de 1830 à 1835 ; il y eut un instant presque rivalité avec les Anglaises. Dans toutes les promenades on rencontrait des amazones. Il est à remarquer que le bon genre voulait qu'on fût accompagnée par deux ou trois cavaliers à côté de soi, ainsi qu'à *Rotten-Row* et surtout par un écuyer qui conservait une distance de cent mètres en arrière. On laissait son équipage à la barrière, sinon à l'entrée du Bois.

Le costume des amazones ne subissait pas de grandes variations ; c'était généralement un jupon de drap avec un canezou de batiste. Autour du cou, un petit plissé

1831

soutenu par une cravate de gros de Naples à carreaux ou de
la couleur du jupon. Les pantalons en coutil à sous-pieds,
les petites bottes, les gants de peau de renne, la cravache en
rhinocéros ou la badine de chez Verdier complétaient parfois
le costume. La coiffure variait; on portait soit le chapeau de
gros de Naples à plumes d'argus, soit la casquette ou la
toque, soit encore le feutre qui donnait aux
gentilles amazones une allure un peu garçonnière, un air tapageur et souvent une singulière
figure *à la Colin.*

L'été, les Tuileries, les Champs-Élysées,
attiraient toute l'élégance parisienne.
Les promeneurs affluaient aux Tuileries de huit à neuf heures du soir
aux mois de juin et juillet; la grande
allée ressemblait plutôt à une galerie
encombrée de monde qu'à un lieu où l'on
se promet de flâner à son aise et de res-
pirer à poitriñē que veux-tu. C'est là que
les dandys, tout en causant politique,
révolution, plaisir et femmes, venaient
remplir un entr'acte de spectacle ou se rafraî-
chir en sortant d'un bruyant dîner. — Les
Gillettes guêpées, les poupées du jour, les coquettes mondaines y arrivaient par groupes, accompagnées de joyeux
mirliflores, pour montrer de jolies toilettes, faire deux fois
le tour de l'allée des orangers, puis s'asseoir en cercle afin
de bavarder alternativement d'une pièce nouvelle, d'une
émeute passée ou à venir, d'une forme de chapeau, d'une po-
lémique de journaux, d'un scandale galant arrivé à l'un des
derniers ministres, des catastrophes du Brésil ou de la
Pologne, et parfois aussi des accents profonds d'un nouvel
ouvrage poétique. Les Champs-Élysées étaient également le
rendez-vous favori de toutes les sociétés de la grande ville.

1831

On avait transformé en une vaste salle de concert une partie de cette superbe promenade et chacun s'empressait d'y porter le tribut de son admiration. L'orchestre de Musard faisait entendre au loin sa puissante et dansante harmonie; une enceinte immense avait été disposée de manière qu'elle ne puisse être franchie par la foule; des

1832

tentes avaient été cons-
en cas d'orage, et de ne
légère inquiétude de
assistants. Tout concou-
ces jolies fêtes cham-
geaient chaque soir
Les concerts du
rais, rassemblaient
de Tolbecque une
parmi le monde de la
commerce. Le Jar-
tableau pittoresque,
d'un Debucourt,
touffus, ses glo-
où circulaient la
la bonne gaieté des

truites afin de rassurer
pas permettre à la plus
troubler le plaisir des
rait à assurer la vogue de
pêtres qui se prolon-
jusqu'à minuit.
Jardin Turc, au Ma-
autour de l'orchestre
aimable assemblée
bourgeoisie et du
din Turc formait un
digne du pinceau
avec ses ombrages
riettes de verdure,
bière mousseuse et
braves gens; dans

ses allées, les époux du Marais montraient sans en rougir leur bonheur et leur cordialité matrimoniale; de bonnes mamans, mises en joli guingamp rose et ayant leur schall attaché par deux épingles à leurs épaules, venaient voir s'ébattre et s'égayer leur petite famille; plusieurs Jeunes-France, échappé de l'île Saint-Louis, s'asseyaient près d'une table, en bonne fortune, auprès de quelque fraîche grisette à l'œil rieur, à la bouche incarnadine, dont les cheveux folâtres voletaient à l'aventure sous un chapeau Paillasson. Des beaux-fils du quartier, en quête de passions ou de mariage, apparaissaient solitaires, satisfaits d'eux-mêmes, empesés dans leur cravate et le glacé de leurs gants queue de serin, exhalant de leur chevelure apprêtée un fort parfum de bergamote.

L'été, tout le boulevard de Gand était en liesse ; c'était entre une triple rangée de fashionables lorgneurs que des calèches remplies de jolies femmes se croisaient et s'entre-croisaient comme des corbeilles de fleurs, tandis que des cavalcades de dandys faisaient jaillir sur de pacifiques piétons des nuages de poussière. — C'était bien le promenoir de la cité parisienne, un rendez-vous d'élégance et de plaisir qui atteignait alors son apogée. Le boulevard de Gand marqua l'heure des suprêmes fantaisies de l'esprit et de la rare distinction des Brummel de 1830, l'heure du dandysme, de « l'orgie échevelée » et de la bohème à outrance, qui avait grandement aussi son caractère de gloire, sa philosophie de costume, son originalité de belle allure, car, en fuyant toute dictature en fait de toilettes et d'idées, la bohème, sous la monarchie de Juillet, fut comme la conservatrice de l'intégrité et de l'indépendance de l'art.

L'hiver à Paris était non moins bruyant que les beaux jours ; les fêtes s'y répétaient de toutes parts avec une nouvelle élégance, une activité, un charme, qui en faisaient vraiment des réunions de plaisir et non des réceptions d'apparat et de cérémonie. Les salons étaient ouverts dans tous les mondes, noblesse et haute bourgeoisie ; les bals de la Cour avaient un prestige de luxe et de grande élégance. Au milieu de ces réunions immenses, dans les splendides salons des Tuileries, les femmes et les diamants luttaient d'éclat. L'aspect des soupers qui terminaient ces galas était surtout éblouissant ; autour d'une table immense, resplendissante d'or, de cristaux et de mets délicats, on

1835

REVUE MILITAIRE SUR L'ESPLANADE DES INVALIDES
(1835).

AU BAL DE L'OPÉRA
(1835).

voyait comme un brasillement de femmes et de pierreries. Les hommes, pour jouir de ce coup d'œil, se plaçaient volontiers dans les loges qui entouraient la salle de spectacle, où le souper était donné. De là, ils admiraient à loisir cette chaîne de jeunes et jolis bras nus, ces robes de satin broché, *pékin, gourgouran* ou *Pompadour,* ces gazes et ces tissus légers qui faisaient valoir la splendeur des épaules...; ils comprenaient que lord Byron avait tort de jeter l'anathème aux femmes qui mangent, et que la plupart ont encore beaucoup d'attrait en portant une jolie friandise ou un verre de cristal à leurs lèvres.

1835

Aux soupers des dames succédait celui des messieurs, puis l'on retournait à la danse ou bien plutôt l'on se retirait par groupes peu à peu avant que l'aube éclairât entièrement la cour du Carrousel. On recevait beaucoup chez Mme d'Apony, dont les fêtes étaient superbes, et qui excellait dans le talent de faire gracieusement les honneurs d'une soirée. Elle aimait donner l'élan du plaisir et la société lui devait non moins de reconnaissance que d'hommages. Le jeune duc d'Orléans ne manquait jamais à ses bals; il y portait, sous son uniforme, la grâce de ses vingt ans et ses manières polies, douces et respectueuses près des femmes. — Chez Mme d'Apony venait l'élite de la *fashionability* et de la littérature; Lamartine, Alfred de Musset, Eugène Sue, Balzac se rencontraient dans ces salons princiers, au milieu des diamants, des gorges resplendissantes de pierreries et de guirlandes de perles roses.

On dansait aussi chez les duchesses Decazes, de Raguse, de Liancourt, de Maillé, d'Albuféra, de Guise, d'Otrante et de Noailles, chez Mmes de Flahaut, de Massa, de Matry, chez les princesses de Léon, de Beauffremont, chez les comtesses de Lariboisière et de Châtenay. Les bals se succédaient avec une incroyable profusion. Dans le centre de la ville, dans les faubourgs, ce n'étaient que fêtes, que divertissements : Paris n'avait plus de repos ; la nuit, tout était illumination brillante, bruit de voitures et d'orchestres assourdis ; on ne semblait craindre qu'une disette : celle des musiciens.

Durant le carnaval, l'élite de la capitale venait assister aux nuits de l'Opéra, dans cette belle salle éclairée par soixante lustres chargés de bougies qui se reflétaient dans le cristal qui leur servait de réseau. Les loges, les galeries décorées de festons, de gaze, d'or et d'argent, les murs couverts de glaces offraient aux spectateurs un tableau mouvant, une fête fantastique pleine de couleur et d'originalité. On y montrait des danseurs espagnols qui exécutaient le *bolero*, le *zapateado* avec une vigueur et à la fois une morbidesse surprenantes. Par opposition, on donnait les danses gracieuses de *Cendrillon*, exécutées par les dames de l'Opéra ; puis on fournissait le signal du fameux quadrille des modes françaises depuis François Ier jusqu'à l'heure présente. C'était un piquant coup d'œil que cette réunion de costumes qui se sont succédé en France depuis plus de trois siècles ;... la mode de 1833 ne paraissait pas trop disgracieuse à côté de celle de François Ier, qu'elle rappelait par plus d'un point ; tout ce défilé, ce panorama vivant du passé s'évanouissait enfin ; le bal commençait ; la salle et la scène ne faisaient plus qu'un.

1836

C'était alors le *raout* général au milieu duquel intrigues, conversations mystérieuses se succédaient sans interruptions jusqu'aux premières lueurs du jour.

La tenue des hommes à ces bals de l'Opéra était sévère ; presque tous adoptaient le costume noir de bal ; le plus grand nombre chaussait le bas de soie noir ou brun ; quelques-uns, qui avaient adopté le pantalon collant, montraient des boucles en or carrées sur leurs souliers. Parmi les dames, les dominos étaient en immense majorité ; dominos blancs, dominos bleus, dominos roses, dominos noirs surtout. Plusieurs spectatrices dans les loges ne portaient pas de capuchon ; elles étaient coiffées avec des marabouts ou des guirlandes de feuilles ou de fleurs ; des loups à large bande de tulle brodé ou uni ; quelques excentriques avaient remplacé le domino par des sortes de simarres ouvertes sur le devant en satin broché ou en satin de Perse.

La jeunesse des écoles avait peu à peu révolutionné la danse française dans les réunions de la *Grande Chaumière* ; aux mouvements élégants, lentement développés de l'exquise gavotte de nos pères, ils avaient substitué un pas frénétique, épileptique, parfois indécent, qu'on baptisa du nom de *chahut*. Du quartier Latin cette danse sauvage et égrillarde s'était étendue dans le peuple et même chez les dandys ; on la vit fleurir à l'Opéra et principalement aux bals des Variétés. Cette danse stupide ne nous a plus quittés.

Dans les premières années du règne de Louis-Philippe, les bals de l'Opéra étaient fréquentés par la meilleure compagnie et tout s'y passait d'une manière décente et courtoise. Les étrangers admiraient

1837

le goût de ces fêtes, la grâce et le bon ton des Parisiennes, s'étonnant même que dans une telle confusion, dans une cohue si prodigieuse, on pût apprécier cette grande égalité qui dénotait le caractère de la nation. Ce ne fut guère qu'en 1835 que les bals de l'Opéra dégénérèrent en licencieuses manifestations. Un lord richissime, lord Seymour, que l'on vantait pour ses prodigalités sur les boulevards, où il jetait à la foule de l'or à pleines mains, des dragées et des boniments insensés, *Milord l'Arsouille*, tel était son surnom populaire, apporta tout à coup dans Paris comme un vent de folies crapuleuses et d'orgies désordonnées. En 1836, on organisa des mascarades satiriques de Louis-Philippe, de ses ministres et de ses magistrats ; on remuait l'instinct frondeur de la foule. Pendant tout le carnaval, lord Seymour, un dandy qui aurait pu être un fort de la halle, tenait son quartier général aux *Vendanges de Bourgogne*; c'est là que l'armée de la folie prenait ses mots d'ordre. Les masques, mâles et femelles, auxquels il prodiguait ses écus et ses horions, se livraient, sur son ordre, aux danses sauvages, aux festins, aux bacchanales les plus grossières. — On vit alors ces fameuses *Descentes de la Courtille*, ces hordes de masques dépenaillés qui se ruaient sur la ville, ces chicards, ces débardeurs, ces paillasses, ces charlatans qui du haut de leurs chars haranguaient la foule et faisaient du boulevard la succursale des journées carnavalesques les plus houleuses du *Corso* romain.

Ce besoin de se distraire, de noyer la tristesse, d'agiter tous les grelots de la folie, se retrouvait dans les bals champêtres de Paris et de la banlieue. Après le choléra de 1832, qui éclata le jour de la mi-carême et qui fit tant de vic-

1838

UNE IDYLLE A L'ABBAYE DE LONGCHAMPS
(1836).

LA FASHION AU JARDIN DU PALAIS-ROYAL
(1837).

times, on se rua au plaisir avec une philosophie anacréontique ; on dansa à *Tivoli* qui existait encore, à l'*Ermitage*, à
l'*Élysée-Montmartre*, aux *Montagnes françaises*, à la *Grande
Chaumière*, ce paradis des étudiants où bouillonnaient et
fermentaient toutes les passions politiques et sensuelles,
où l'on devinait surtout le germe latent de toutes les révolutions futures, littéraires et gouvernementales.

Maintenant, si l'on montait en *coucou* sur la place de la
Concorde par quelque beau soir d'été, on arrivait au parc
de Saint-Cloud où l'on trouvait un bal qui pouvait hardiment défier tous les autres. « Nulle part, écrivait Auguste
Luchet — dans le *Nouveau tableau de Paris au* xixe *siècle*,
— vous n'eussiez trouvé tant de richesse et d'élégance. Ce
que la cour et les ambassades, ce que les châteaux et les
maisons de plaisance de la magnifique vallée possédaient
de jolies femmes et de fashionables cavaliers, s'y donnaient
rendez-vous fidèle entre neuf et dix heures du soir. C'était
un parfum de noblesse qui se répandait au loin ; c'était une
foule imposante et hautaine, en dépit de ses efforts pour
paraître aimable et douce, pour n'effrayer personne
et se mettre obligeamment à la portée de tout le
monde. Quand la dernière voiture publique
était partie, quand il n'y avait plus à craindre
de trop déroger, de se mésallier monstrueuse-
ment, la noble foule s'ébranlait alors et dansait
comme une bourgeoise, sur la terre dure,
sous un toit de marronniers, éclairé par des
quinquets rouges, au son d'une musique
de guinguette. Une femme, connue seulement alors pour la plus aimable des
femmes ; une femme, l'âme des plaisirs,
la reine des fêtes de la Cour, la duchesse
de Berry, enfin, présidait aux pompeux
quadrilles. Sa présence joyeuse, animée,

1838

chassait l'étiquette, chiffonnait les cravates diplomatiques
amenait de force le sourire sur des physionomies jusqu'alors impassibles. Cédant à cette entraînante impulsion, la courtisanesque multitude jetait bas sa morgue et
s'essoufflait à suivre la duchesse. Heureux alors les obscurs
jeunes gens qui, bravant le risque de revenir à pied ou de
ne pas revenir du tout, avaient osé tenter la concurrence
de cette fin de bal avec les gardes du corps; quelles belles
histoires à raconter le lendemain ! quel plaisir de chercher
et de deviner dans l'Almanach Royal le nom et la demeure
de leurs danseuses inconnues ! »

Nous ne parlerons que pour mémoire des bals du Ranelagh, d'Auteuil, de Bellevue, de Sceaux et du bal de *la
Tourelle* au bois de Vincennes, où jeunes femmes, jeunes
filles, personnages grisonnants, adolescents glabres, céli-
bataires hirsutes, citoyens de toutes classes et de tout rang,
dansaient pêle-mêle, par un besoin instinctif ou bien plutôt pour faire comme tout le monde, à la façon des éternels
moutons de Panurge.

La grande et incomparable journée des coquettes,
des élégantes et des mondaines, c'était Longchamp. — Longchamp avec ses triples files
de voitures bordant les boulevards depuis la
fontaine de l'Éléphant jusqu'à la porte Maillot,
avec ses groupes de cavaliers, ses types
de fashionables du jour, allant, venant,
se croisant et caracolant autour des
calèches au fond desquelles on apercevait des plumes, des fleurs et des sourires de femmes. Ce jour, c'était la
grande revue de la Mode et toute l'ar-

1839

mée de la fashion était sur pied : c'était la fête favorite
des élégants, des curieux et des désœuvrés; les uns allaient
à Longchamp pour faire admirer leurs gracieuses toilettes,
leurs jolis équipages et leurs chevaux fringants; les autres,
pour critiquer les heureux du moment et médire du prochain, ce qui fut très bien porté de tous temps, et très
édifiant dans le moment du carême et pendant la semaine
sainte.

Longchamp était resté le rendez-vous de toutes les vanités, de toutes les prétendues célébrités et notabilités du
moment. Sur la chaussée roulaient en brillants équipages à
quatre chevaux, les opulents seigneurs de petite ou de vieille
noblesse, les pleutres orgueilleux de leurs richesses, les
magistrats vaniteux de leurs fonctions, les courtisans in-
fatués de leur faveur éphémère, les brillants militaires,
pimpants, coquets, sanglés avec crânerie dans leur bel uniforme d'état-major.

De chaque côté de cette nouvelle voie Appienne, s'avan-
çaient lentement les calèches, les coupés, les landaus, les
berlines. Quelques-unes de ces voitures étaient
remplies de femmes jeunes, jolies, parées, dési-
reuses de plaire, enivrées d'éloges et jetant à
peine un regard sur la foule pédestre qui s'arrêtait pour les admirer; d'autres renfermaient
de jeunes ménages avec de jolis enfants à
la figure fraîche et riante; enfin, dans le
tilbury, dans le stanhope ou dans le tandem,
on voyait les fashionables, les dandys, les
hommes à la mode et à bonnes fortunes,
lorgnon à l'œil, camélia à la boutonnière,
fiers si une coquette avait daigné prendre
place auprès d'eux dans une de ces voitures
fragiles et dangereuses. Parmi ces rangées de véhicules, des cavalcades nom-

1840

breuses passaient galopantes, ne laissant voir dans une
légère envolée de poussière qu'un habit rouge ou marron,
l'éclat d'un éperon, le brillant des harnais ou la pomme
d'or d'une cravache.

Les spectateurs, assis modestement sur les bas côtés de
la route, regardaient défiler toutes ces célébrités, toutes ces
ambitions, tout ce luxe, toute cette ostentation de richesses.
Souvent, de cette foule, magistrature populaire assise, il
s'élevait une voix qui racontait sans détours l'origine de telle ou
telle de ces fortunes nouvelles, si rapides et si extraordinaires,
et les honnêtes gens se consolaient de se montrer en simples
curieux devant cette mascarade humaine si tristement composée de luxe, de misère, d'orgueil, de poussière et de boue,
d'envie et de plaintes, de bassesses et de vilenies.

La foule allait, venait, grouillante derrière le rang des
chaises; on reconnaissait dans cette cohue le tailleur ou la
couturière, la modiste, la lingère ou la brodeuse, le bottier
et les femmes de chambre; tout un petit monde paré et
endimanché qui venait juger de l'effet des habits, des
chapeaux, des robes, des rubans, des souliers fraîchement
sortis de leurs mains habiles et ingénieuses.

Quelques *citadines* numérotées circulaient presque honteu-
sement dans cette cohue immense qui débouchait de tous
les côtés de Paris, foule rieuse, jalouse de
plaire, moqueuse ou approbatrice, qui
saluait au passage le fronton de la Madeleine
et l'Obélisque dont Louqsor venait de nous
doter. Durant trois jours Longchamp
triomphait; on n'allait plus, comme
autrefois, en pèlerinage jusqu'à l'antique abbaye qui avait donné son nom
à cette promenade consacrée, on
s'arrêtait au Bois et l'on revenait à
la queue leu leu des équipages, parmi

1839

DANS LE JARDIN DU LUXEMBOURG
(1838).

LA COUR DES MESSAGERIES NATIONALES
(1839).

lesquels on remarquait particulièrement l'éternel carrosse
vert Guadalquivir de M. Aguado, tout parsemé de couronnes
de marquis, chargé d'argent ciselé et décoré de glaces,
espèce de cage à *ex-voto* qui aurait pu figurer dans une
procession. On se montrait aussi les deux équipages de
M. Schickler, le premier attelé en calèche tirée par
quatre magnifiques chevaux bais, montés par des jockeys
dont la livrée étincelait de broderies d'or; le second, une
berline somptueuse, dont les gens portaient la grande
livrée blanche. Rien ne manquait aux splendeurs de cette
exhibition, pas même ce joli équipage rose et argent de
Justine, si bien décrit par Louvet dans le Longchamp de
Faublas; seulement ce n'était plus alors la soubrette
de la marquise de B..., que l'on voyait dans cette mirifique
voiture, et le carrosse n'avait plus ni la forme rococo d'une
conque marine, ni les tendres couleurs du siècle dernier,
c'était quelque jeune actrice en vogue dont on admirait,
sous le chapeau à larges bords, la tête mutine avec ses touffes
de cheveux à la Kléber qui tombaient délicieusement sur
les oreilles et dans le cou et lui donnaient un air *frénético-
romantique*.

On n'entendait de tous côtés que les noms de *Victorine*,
de *Burty*, de *Gagelin*, de *Palmyre*, de *Mme Saint-Laurent*
et *Herbaut*, les modistes et couturières en renom; puis, dans
les conversations de femmes, on surprenait des mots de
Chalys-Kachemires, de crépons d'Indoustan, de batistes du
Mogol, de mousselines de Golconde, de gazes de Memphis,
de Chine agate, de tissus de Sandomir, de foulards de Lyon,
de laines du Thibet, toute une géographie de la mode qui,
elle aussi, avait ses *orientales*; on faisait l'énumération des
plus jolis modèles de printemps et des étoffes nouvelles, — on
discutait sur le bon goût et l'élégance suprême; — Longchamp était le grand bazar mouvant où toute belle Parisienne
allait concevoir et rêver de ses prochaines toilettes.

Peu à peu, à dater de 1835, Longchamp, tout en gagnant
sous le rapport moral, perdit beaucoup de son aspect de
somptuosité ; il dépouilla la pourpre pour se bigarrer des
mille nuances de la société ; les modes ne s'y mélangèrent
pas moins que les rangs. La jolie bourgeoise vêtue de
tarlatane coudoya les riches étoffes brodées, la moitié des
femmes réfugiées sous l'incognito de leurs négligés n'y vint
plus que pour observer l'autre ; sensiblement la pompe et la
spécialité de cette promenade d'apparat s'affaiblit et il fut
permis d'y paraître sans toilettes élégantes ni nouvelles.
Longchamp fut enfin définitivement détrôné par les Courses.

Après les belles créatures plantureuses du premier Empire,
on peut dire que les petites reines de l'âge romantique ont
montré des trésors d'élégance délicate et affinée, des
compréhensions exquises de goût, de toilette et de recherches
intimes ; elles sont plus près de nos sensations, de nos
inquiétudes, de nos nerfs, de notre cérébralité, de notre
psychologie, en un mot, que ne le sont les *Lionnes* de 1840,
les rêveuses trop distinguées de 1850 ou les cocodettes du
second Empire.

LA FASHION ET LES FASHIONABLES

DE 1840 A 1850

A L'HOTEL de Rambouillet, on nommait *Lionnes* les femmes à chevelure fauve qui, comme Mlle Paulet, témoignaient de leur intransigeance et qui, précieuses aux bas d'azur, raffinaient sur les mots et sur les sentiments jusqu'à l'énervation de la langue. Après 1840, la *Lionne* devint le type accusé de la femme à la mode, l'élégante frénétique et agitée dans le désert de sa mondanité, le parangon de l'amante-maîtresse à la fois souple, sauvage, ardente et folle, celle même dont Alfred de Musset baptisa la fringance et la pâleur fatale en dénichant une rime imprévue à Barcelone qu'il sembla croire ville d'Andalousie. Vers ce moment, le *Lion* régnait depuis longtemps par

son dandysme galant sur le boulevard et même dans les lettres. Frédéric Soulié venait de publier *le Lion amoureux* et Charles de Bernard *la Peau du Lion*. Il y avait comme un engouement pour les appellations puisées au Jardin zoologique du roi. On disait de son amante : *Ma tigresse*, de sa danseuse : *Mon rat*, de son groom : *Mon tigre*; et les élégants ou merveilleux du jour mettaient dans cet argot nouveau et zoolatrique tant de conviction que le roman, servile miroir des mœurs du temps, s'en ressentait. Un conte de l'époque débute ainsi : *Le Lion avait envoyé son tigre chez son rat.*

Toute la ménagerie, on le voit, était à la mode; une *Physiologie du Lion* s'imposait, et elle parut bientôt sous la signature de Félix Deriège, avec des dessins de Gavarni et de Daumier.

Dans son introduction biblique, l'auteur nous initie on ne peut plus ingénieusement à la genèse du farouche Roi de la mode nouvelle.

Écoutons-le pour nous documenter :

« Au commencement, une foule de créatures charmantes ornaient les diverses contrées du monde élégant.

« Et la Mode vit qu'il manquait un Roi à tous ces êtres qu'avait formés son caprice.

« Et elle dit :

« Faisons le Lion à notre image et « ressemblance!

« Que le Boulevard soit son empire!

« Que l'Opéra devienne sa conquête!

« Qu'il commande en tous lieux du « faubourg Montmartre au fau- « bourg Saint-Honoré. »

« Et le Lion parut.

« Alors il assembla ses sujets autour de lui et donna son nom à

1840

LA PROMENADE DU LION AU BOIS
(1840).

LA FASHION AU BOIS DE BOULOGNE
L'allée des Cavaliers (1842).

chacun en langue fashionable. Il appela les unes *Lionnes*,
c'étaient des petits êtres féminins richement mariés, coquets,
jolis, qui maniaient parfaitement le pistolet et la cravache,
montaient à cheval comme des lanciers, prisaient fort la
cigarette et ne dédaignaient pas le champagne frappé.

« Un chasseur gigantesque avait coutume de les accom-
pagner, simplement pour prévenir de dangereuses querelles
entre *lions* et *lionnes*, en montrant les crocs de sa mous-
tache, et éviter aussi l'effusion du sang.

« Il nomma quelques-uns de ses sujets *Panthères*. Ces
féroces Andalouses, aux allures ébouriffantes, à l'œil de feu,
se font remarquer par l'étalage luxuriant de leur coiffure,
l'exagération de leurs crinolines, et cherchent incessamment
sur l'asphalte un équipage à conquérir et un cœur à dévorer.

« Il y en eut auxquels il imposa la dénomination de *Tigres*,
sans qu'ils aient mangé personne (*les grooms*); au contraire,
l'obéissance, la soumission est leur première vertu; leur
chapeau à cocarde noire, leurs bottes à retroussis; leur
veste bleue et leur gilet bariolé couvrent
des gamins arrachés aux plaisirs de la
pigoche.

« Enfin, d'autres reçurent le nom
de *Rats*, sylphes rongeurs d'une nature extrèmement vorace, souples, du
reste, séduisants, capricieux, qui
laissent tomber le ciel de l'Opéra
sur l'asphalte du boulevard.

« Et la Mode vit que son ouvrage
était bon. »

On remarqua plusieurs espèces
de lionnes : la *lionne mondaine*, la
lionne politique et la *lionne littéraire* : toutes avaient la même
origine; Alfred de Musset était le

1840

véritable parrain nominal de la Lionne, et George Sand pouvait se dire la marraine, l'instigatrice morale de cette nouvelle série de femmes amazones singulières qui montraient toutes les audaces, toutes les excentricités imaginables ; le poète, nous l'avons fait remarquer plus haut, avec sa fameuse chanson : *Avez-vous vu dans Barcelone...* baptisa cette multitude de petites créatures farouches, fougueuses, indomptées, que la réaction romantique avait créées ; la romancière, par ses œuvres de révoltée, tels que *Valentine, Indiana, Lélia,* mit au cœur de toutes les prétendues victimes de l'amour des idées de revendication, d'indépendance, de virilité, qui ne masculinisèrent que trop vite ces jolis démons en jupon. — La Lionne fut ainsi la prédécesserice de la *Vésuvienne,* qui joua dans la *République des femmes,* quelques années plus tard, un rôle d'anandryne anarchiste des plus curieux à étudier et dont voici un couplet du *Chant du départ* :

1841

Vésuviennes, marchons, et du joug qui nous pèse,
Hardiment affranchissons-nous !
Faisons ce qu'on n'osa faire en quatre-vingt-treize,
Par un décret tout neuf supprimons nos époux !
Qu'une vengeance sans pareille
Soit la leçon du genre humain.
Frappons ; que les coqs de la veille
Soient les chapons du lendemain.

La femme de 1830 avait été comme une sensitive senti-mentale ; son imagination, exaltée par les romans de Walter Scott et les poèmes de lord Byron, ne rêvait que dévouement, sacrifices, douleurs, tendresses infinies. Elle s'exaltait le cœur et l'esprit dans les fictions les plus noires,

et toute son esthétique consistait à paraître pâle, amenuisée
par une souffrance muette, immatérielle et diaphane ; elle
ployait comme un roseau flexible au souffle de l'amour, elle
acceptait le sort qui faisait d'elle une âme incomprise ; mais
la révolte n'entrait point en ses sens ; elle se flétrissait dou-
cement comme une fleur délicate meurtrie sur sa tige, es-
pérant à peine une rosée de bonheur pour la vivifier ; elle
demeurait dans des torpeurs sans fin, dans des alanguisse-
ments sans cause, qui lui paraissaient exquis.

La Lionne réagit contre cette anémie de poitrinaire ; elle
se montra rugissante, provocante et bondissante ; elle
agita sa crinière, fit saillir ses griffes et sa poitrine, et, avec
le libre exercice de ses muscles, le sentiment de sa force,
elle se lança dans l'arène parisienne. — Elle sut monter à
cheval, à la façon arabe ; sabler le punch brûlant et le champagne frappé, manier la cravache, tirer l'épée, le pistolet,
fumer un cigare sans avoir de vapeurs, tirer l'aviron au besoin ; ce fut l'enfant terrible de la fashion, et dans
tous les *boute-selles* de la vie, on la put voir alerte,
fringante, intrépide, ne perdant point les étriers.

La Lionne, tout en prétendant au partage de la
puissance, ne rechercha ses franchises illimitées
que dans les diverses pratiques de la vie fashionable ; elle sut rester femme au débotté et
retirer ses éperons en l'honneur de ses
favoris. Elle allia très aisément le
sport, le *turf*, le plaisir et l'élégance
et fit sa lecture du *Journal des Haras*,
du *Journal des Chasseurs* et du *Petit
Courrier des dames*. Elle comprit tous
les luxes, toutes les délicatesses et le
confortable de l'intérieur ; — demandons
plutôt à Eugène Guinot, excellent *aléoviste*,
de nous introduire dans l'antre d'une Lionne :

1841

« Nous voici dans un petit hôtel nouvellement bâti à l'extrémité de la Chaussée d'Antin. Quelle charmante habitation ! — Admirez l'élégance de ce perron, la noblesse de ce péristyle, le choix de ces fleurs, la verdure de ces arbustes exotiques, la grâce de ces statues. Peu de lionnes ont une plus belle cage ;... mais, hâtons-nous ; l'hôtesse vient de se réveiller : elle sonne sa femme de chambre qui l'aide dans sa première toilette du matin. Son appartement mérite une description : il se compose de quatre pièces décorées dans le style du moyen âge. La chambre à coucher est tendue en damas bleu et meublée d'un lit à baldaquin, d'un prie-Dieu, de six fauteuils et de deux magnifiques bahuts, le tout en bois d'ébène admirablement sculpté ; des glaces de Venise, un lustre et des candélabres en cuivre doré, des vases et des coupes d'argent ciselé avec un art infini et deux tableaux, une *Judith* de Paul Véronèse et une *Diane chasseresse* d'André del Sarto, complètent cet ameublement. Le salon est surchargé d'ornements, de meubles, de peintures de toutes sortes ; on dirait d'une riche boutique de bric-à-brac ; ce que l'on remarque surtout dans cet amas d'objets divers, ce sont les armes qui tapissent les murs : des lances, des épées, des poignards, des gantelets, des casques, des haches, des morions, des cottes de mailles, tout un attirail de guerre, l'équipement de dix chevaliers. Le boudoir et la salle de bains ont la même physionomie gothique, sévère et martiale. Rien n'est plus étrange que le désordre d'une jolie femme au milieu de ces insignes guerriers et de ces formidables reliques du temps passé : une écharpe de dentelle suspendue à un fer de lance, un frais chapeau de satin rose suspendu à un

1842

LES BARAQUES DU PONT-NEUF
(1844).

DEVANT LE PREMIER CAFÉ DE PARIS
Boulevard des Italiens (1845).

pommeau de rapière, une ombrelle jetée sur un
bouclier, des souliers mignons bâillant sous les
cuissards énormes d'un capitaine de lansquenets[1]. »

❧

La Lionne n'apporte pas dans son costume
le même sentiment d'archaïsme que dans ses
appartements; au milieu de ses fausses
splendeurs gothiques, une élégante romantique de 1830 se fût montrée en robe
traînante à la Marguerite de Bourgogne
ou bien parée comme la châtelaine de
Coucy ; elle eût arboré la ceinture de
fer et les bijoux d'acier, mais la fashionable, à dater de 1840, est plus positive,

1842

tout en restant moins dans la couleur locale. — Le matin,
au lever, elle pose sur sa tête un bonnet de
batiste à petites bardes, bordé d'une valenciennes badinant tout autour ; pour vêtement, une
robe de chambre en kachemire de nuance claire
avec corsage montant et dos en éventail. Cette
robe, fermée de haut en bas à l'aide de petits
brandebourgs, manches larges à la Vénitienne, très
ouvertes de l'orifice ; en dessous, la coquette laisse
voir une chemise amazone avec collet à l'anglaise,
à petits plissés formant jabot sur le devant ; aux
pieds, elle traîne à plaisir des *nonchalantes* brodées en soutaches éclatantes.

C'est ainsi qu'elle reçoit ses gens, ses grooms,
son valet de pied, son sellier, ses couturières et
ses modistes. Avec un petit air garçonnier, elle

1842

1. *Les Français peints par eux-mêmes.* Paris, Curmer, 1841, t. II.

traite de toutes choses comme un gentleman ; elle s'informe de ses chevaux, vérifie les mémoires de son armurier, de sa lingère, de son tailleur, de sa marchande de modes et de son bottier ; elle établit le compte de Verdier, de Humann, de Gagelin, de Lassalle ou de Salmon ; elle donne quelques instants à son fleuriste, puis passe dans son boudoir pour se livrer à un second négligé quelque peu rehaussé pour ses amies qui la viendront visiter.

Le bonnet, cette fois, sera très petit, composé d'un aunage de dentelles gothiques, deux papillons s'arrondissant au niveau des joues et que séparent des coques de ruban de gaze. La mode des bonnets est alors universelle ; on en fait de toutes formes ; ils s'adaptent à toutes les toilettes, à toutes les circonstances. — Elle se fait passer un peignoir à jupe ouverte, en tissu foulard d'un nouveau genre, aussi remarquable par sa force et sa souplesse que par la franchise de ses nuances ; le dos en est froncé, on voit des plis dans l'épaulette et dans la ceinture, qui est fermée à l'aide d'une boucle d'or. En dessous, une jupe en pékin, de côté à trois volants festonnés ; aux mains des mitaines lacées en moire.

La Lionne reçoit alors ses amies, et l'on se met à table, pendant que messieurs les maris déjeunent au café de Paris. Le repas est copieux et solide ; nos fashionables ont les dents longues : les huîtres, le chapon truffé, les entremets disparaissent comme de simples bagatelles ; il faut soutenir l'honneur du nom, montrer un appétit léonin et se donner des forces et du montant pour supporter les fatigues du jour. Les griffes ne restent pas en place, d'autre part, et le prochain est légèrement lacéré dans ces conversations que nous écouterons avec

1842

l'oreille du physiologiste Guinot : « Que dit-on de
nouveau? — Peu de chose, ne sommes-nous pas
dans la morte-saison du scandale ! — Avez-vous lu
le dernier roman de Balzac? — Je ne lis jamais
de roman. — Ni moi. — Ni moi. — Ni moi. — Le
vicomte de L... a donc vendu son cheval
gris? — Non, il l'a perdu à la bouillotte, et
c'est là le plus grand bonheur qui lui soit
arrivé au jeu! — Comment! perdre un cheval
qui lui avait coûté dix mille francs, tu appelles
cela du bonheur? — Dix mille francs, dis-tu?
il lui en coûtait plus de cent mille, et
voilà bien ce qui fait qu'il a joué à qui
perd gagne. M. de L*** était pour son
cheval d'un amour-propre excessif et ridi-
culement opiniâtre; il acceptait et il pro-
voquait sans cesse des paris énormes;

1843

le cheval était toujours vaincu, mais ces défaites n'alté-
raient en rien la bonne opinion que le vicomte avait
conçue de cette malheureuse bête, si bien que cet
aveuglement lui a enlevé quatre ou cinq mille louis
en moins d'un an. — Je ne le croyais pas assez
riche pour soutenir une aussi mauvaise chance.
— Avez-vous entendu Mario, lundi dernier? il
a chanté comme un ange. — Et le ballet nouveau? — Il serait parfait si nous avions des
danseurs; car de beaux danseurs sont indispensables dans un ballet, quoi qu'en disent nos
amis du Jockey's Club, qui ne voudraient
voir que des femmes à l'Opéra. — Mme B...
a-t-elle reparu? — Non, c'est un désespoir
tenace; elle regrette le temps où les femmes
abandonnées allaient pleurer aux Carmélites;
mais nous n'avons plus de couvents à cet

1843

usage, et c'est fâcheux, car rien n'est plus embarrassant qu'une douleur qu'il faut garder à domicile. — Pourquoi n'imite-t-elle pas Mme d'A..., qui ne porte jamais que pendant trois jours le deuil d'une trahison? L'habitude est si féconde en consolations! — A propos de Mme d'A..., on assure que le petit Roland est complètement ruiné. — Que va-t-il devenir? — Il se fera maquignon. — C'est dommage! il excellait au *steeple-chase*. — N'a-t-il pas eu un cheval tué sous lui ? — Oui, *Mustapha*, au capitaine Kernok, mort d'une attaque d'apoplexie foudroyante en traversant la Bièvre dans une course au clocher. — Ton mari, comment se porte-t-il? Le verrons-nous aujourd'hui ? — Je ne sais, il y a vingt-quatre heures que nous ne nous sommes rencontrés, et je ne suis pas allée chez lui par discrétion... Armand est mon meilleur ami, un garçon charmant, que j'aime de toute mon âme, et que pour rien au monde je ne voudrais contrarier; mais enfin je suis sa femme et cela suffit pour que nous gardions notre liberté réciproque. — Oui, ma chère belle, tu as raison, tes sentiments sont irréprochables et tes déjeuners sont comme tes sentiments... ; qu'allons-nous faire à présent? — Si vous voulez, nous irons au tir aux pigeons à Tivoli, puis au Bois ; il y a une course particulière, vous savez, entre *Mariette* et *Leporello*. — Oui, nos chevaux de selle nous attendent à la porte d'Auteuil; nous irons les prendre en calèche. »

Ainsi se passe le déjeuner, dans un bavardage de sport insipide et presque

1843

1843

LE DÉPART DU BATEAU DE CORBEIL
(1846).

LE PERRON DE TORTONI
(1847).

exclusif; de littérature et d'art, pas un traître
mot. La Lionne fashionable semble ignorer que
Victor Hugo vient d'entrer à l'Académie, que
Musset publie des poèmes, que Lamartine s'est
réfugié dans la politique, qu'Alphonse Karr cul-
tive des *guêpes* malicieuses, que Mérimée, Gozlan,
Théophile Gautier, Henri Heine, Alexandre
Dumas et Soulié écrivent alors des chefs-
d'œuvre de verve, d'esprit et de style ; elle
ne connaît Eugène Sue que par les mouchoirs *fleur de Marie* dont *Les mystères
de Paris* ont fait la mode ; elle ne parle
que de courses et d'anglomanie. Peut-
être, par genre, fera-t-elle quelques obser-
vations sur le talent de Rachel, tout en
insinuant que, pour elle, la femme de
génie, c'est l'incomparable Lola Montès,
l'excentrique amazone aventurière dont le nom déjà retentit
à Vienne, à Berlin, à Munich et dans
l'Europe entière.

1845

Pendant que ses amies l'attendent en
fumant le *cigarro de Papel*, la Lionne
revêt une amazone *fumée de Londres*,
garnie de boutons à grelots et de
brandebourgs ; le corsage est à moitié ouvert sur la poitrine afin de laisser
saillir la chemisette de batiste à jabot ; les manches, demi-larges,
prennent la moitié de l'avant-
bras et ont un très haut poignet,
que recouvre un gantelet en peau
jaune — semblable à ceux des
chevaliers, — retombant sur le
poignet sans cependant le cacher

1846

entièrement. Sous ce costume, elle se culotte d'un pantalon à sous-pieds et chausse des bottes mignonnes, munies d'éperons d'argent; sur sa tête, elle campe un large feutre de castor, maintenu par une jugulaire de soie et dont la forme rappelle les chapeaux d'archevêque.

Voilà notre lionne et ses amies à Tivoli; elle descend de sa *Clarence* ou de son *américaine,* relève son amazone sur le bras et entre d'un pas délibéré dans l'enceinte du tir aux pigeons, au milieu d'une assemblée de dandys et de sportsmen auxquels elle distribue des bonjours virils et des poignées de mains énergiques et cordiales, à la manière anglaise. Elle réclame une carabine, l'ajuste avec aisance et, tandis que son *tigre* en tient une seconde à sa disposition, elle abat un pigeon, puis deux, puis dix, puis vingt sur trente coups déchargés, fière de son succès et des murmures approbateurs qu'elle entend bruire autour d'elle. On remonte en carrosse; à la porte du Bois, on enfourche des chevaux fringants, on enlève ses bêtes de la cravache et de l'éperon et on arrive au galop, bien en selle avec une assiette

1847

remarquable, sur le terrain des courses, au pesage, où l'on s'engage dans mille paris pour *Mariette* ou *Leporello,* après des discussions savantes sur le degré d'entraînement et la *performance* des favoris.

Les courses ne sont pas terminées que déjà fière d'y avoir assisté la lionne galope de nouveau et revient à Paris, à quelque séance d'escrime, — où elle fournit bravement son assaut, en faisant remarquer la finesse et la fermeté de son jeu, — ou bien elle se rend à quelque établissement nautique, piquer une tête du haut de la girafe et montrer sa science dans les *brasses,* les *coupes,* la *planche* et toutes les gracieuses manifestations de la natation.

La journée de la lionne n'est point terminée ;
elle vient s'étendre quelques minutes dans son
boudoir et fait disposer sa toilette de soirée :
une robe en étoffe orientale avec manches *à la
bédouine* ou *à la persane* ; sur ses cheveux,
coiffés en bandeaux ondés qui cachent l'oreille
et tombent en coquettes frisures sur le cou,
elle posera un bonnet grec ou des barbes en
dentelles avec une rose de Bengale.

Le dîner servi chez la fashionable
sportswoman est généralement somptueux et d'une belle ordonnance ;
comme les convives y sont nombreux,
on y parle presque généralement chevaux, *match* et barrière du Combat ;
la lionne y tient tête au lion et boit

1847

crânement comme les dragons de Ververt ; elle n'est étrangère à aucune question mondaine ; elle passe en revue, une à une, non sans esprit critique, toutes les
beautés du dernier bal de la liste civile ; elle s'extasie
sur la musique exécutée au concert du duc
d'Orléans, elle prodigue toutes les gammes de
sa sympathie au talent de Virginie Déjazet et
toutes les notes de son admiration à Fanny
Elssler. Le chœur des lions lui donne la ré-
plique ; à leurs regards, à leurs accents, à leurs
sourires, on sent qu'ils la trouvent divine,
pyramidale, *délirante* et *colossale*. Il est encore
question des raouts donnés à l'ambassade
d'Angleterre, du comte d'Orsay, de la haute
élégance des bals de Mme d'Apony, des soirées
ministérielles ; de la fête des Polonais à l'hôtel
Lambert et de la princesse Czartoryska ; de

1847

M. de Rambuteau, de la comtesse Merlin et de leurs magnifiques réceptions ; enfin, on parle beaucoup, au dessert, de la belle Mme Pradier ainsi que de ses réunions dansantes, pleines de distinction et d'attrait, où, paraît-il — disent ces dames — toutes les sommités littéraires et artistiques de Paris se font une gloire d'être admises.

1848

A l'heure du café, la société léonine passe dans un petit salon où les sièges sont bas, moelleux et commodes ; la lionne a emprunté le confort à nos voisins d'outre-mer ; elle l'a étendu à tout ce qui l'entoure : au service, à l'ameublement et à la parure. Dans ce salon-fumoir, où nos dineurs se trouvent réunis, ce ne sont plus des grands canapés adossés contre le mur, sur lesquels les femmes de la Restauration s'alignaient très droites comme de petites pensionnaires, presque chagrines de l'obligation de ne pas changer de voisines ; on n'y voit maintenant que des Deux à deux, des vis-à-vis, des causeuses, de bons coussins, chef-d'œuvre de points à l'aiguille, sur lesquels on s'appuie après les avoir admirés. Les tapis sont épais, les riches portières font ressortir les meubles gothiques, et il semble que dans ces porcelaines anglaises de la maison de Toy on savoure mieux le café, que sur ces divans profonds la conversation soit plus à l'aise, que ces brûle-parfums disposés sur des trépieds font la vie plus douce, plus reposante et aident en quelque sorte au travail de la digestion.

Tout ce luxe caressant, cette enveloppe de tiède bien-être ne suffisent point pour maintenir la Lionne dans sa cage ; elle conduit sa société à l'Opéra, dans sa loge, entendre un acte

LE CARREFOUR GAILLON ET SA FONTAINE
(1848).

UNE TRIBUNE DES COURSES AU CHAMP DE MARS
(1848).

ou deux du *Comte Ory*. A son entrée, toutes les lorgnettes se braquent sur elle ; il y a comme un remous de têtes dans l'orchestre ; notre fashionable a fait son effet. Elle pose sur le bord de velours de sa loge son éventail de chez Duvelleroy, son bouquet de camélias fourni par Constantin, sa jumelle d'or fin, ses boîtes à pastilles ; elle fait entendre un frou-frou de soie et de velours, et, placée confortablement, légèrement renversée en arrière, elle commence, sans s'inquiéter de la scène, à faire l'inspection de la salle et du pourtour des loges. De temps à autre, elle fait un petit signe discret, un geste coquet de la main ou un joli sourire de connaissance ; elle détaille complaisamment les toilettes, retrouvant ici ou là le talent d'*Alexandrine*

1848

ou de Mme *Séguin*, le bon goût de *Brousse* ou de *Palmyre*, le savoir-faire de Mme *Dasse* ou la manière anglaise de Mlle *Lenormand*. Elle remarque beaucoup de représentants de la fashion : lord et lady Granville, la princesse de Beauffremont, Mmes Duchâtel et Rambuteau, la princesse Clémentine, Mme de Plaisance. Mme Lehon, Mme Aguado, Mme Le Marrois, la comtesse d'Osmont, etc. Les femmes et les diamants étincellent à chaque loge, c'est là qu'est pour elle le spectacle ; que ce soient la Damoreau, Duprez ou Roger qui se montrent en scène, peu lui importe ! Toute son attention est accaparée par la composition de certaines loges ; elle essaye de deviner des intrigues, de compléter des anecdotes courantes, de

1848

19

créer des aventures galantes. De temps à autre elle se renverse sur le dossier de son siège, demandant à l'une de ses compagnes : *Connaissez-vous la personne qui est avec Mme X...? — Comment! Mme de Z..., toujours avec le petit Rubempré ?* Ou bien encore : *Oh! ma chère, cela est inconcevable; voyez un peu cette vieille marquise de C... qui minaude scandaleusement avec ce jeune blanc-bec..., elle n'attend donc pas qu'ils soient formés.*

La lionne reste peu à l'Opéra ; elle compte achever la soirée au faubourg Saint-Germain ou à la Chaussée-d'Antin dans un bal ou un thé intime ; elle mettra quelques louis à la bouillotte, dévalisera un buffet ou lunchera copieusement, et, vers deux heures du matin, elle regagnera son hôtel et se couchera sans avoir trouvé une heure pour penser, pour rêver ou pour aimer. — Toutes ses journées se ressembleront ; le lendemain, elle reprendra le même train, toujours active, agissante, surmenée physiquement ; elle ne songera qu'à la correction, qu'au bon ton du jour, au *New fashioned* ;

son mari, ses enfants tiendront moins de place que ses chevaux dans sa vie ; pour ce qui est de son cœur, il est solidement *horlogé* et à mouvements réguliers ; ni lion ni dandy n'arrêteront ou ne précipiteront son mouvement.

L'amour en 1840 ne se rencontre plus guère que dans la bohème étudiante et dans le populaire ; on le retrouve dans les idylles champêtres si joyeusement décrites par Paul de Kock, ou bien encore dans les frissonnantes pages de Murger, mais lions et lionnes ne l'admettaient point. Le lion se donnait le genre d'être sous le charme de sa *Panthère*, de son *Léopard* ou de son *Rat* ; la lionne reposait satisfaite dans sa force sportive et son cœur était aussi ordonné que le pouvaient être

1849

ses écuries, mais elle ne permettait pas qu'on y mangeât familièrement au râtelier.

En réalité, et pour nous résumer, en 1840, le dandysme et la *fashionabilité* établirent dans la société un *cant*, ou plutôt, comme nous disons aujourd'hui, un *snobisme* d'autant plus insupportable qu'il était artificiel et parodiait avec outrance les mœurs affectées d'outre-Manche. Singerie n'est pas ressemblance, et comme l'écrivait, après Carlyle, J. Barbey d'Aurevilly, on peut prendre un air ou une pose, comme on vole la forme d'un frac ; mais la comédie est fatigante, le masque cruel effroyable à porter. Lions et lionnes n'eurent qu'un faux reflet de *dandysme* ; ils sont un peu justiciables de la caricature, et Gavarni, mieux que personne, a fixé leur ridicule dans les meilleures compositions de fine mise en scène de son curieux guignol humain, — *Paraître ou ne pas être* fut la *devise* de tous ces pantins. Nous n'essayerons pas, toutefois, à leur sujet, de verser dans la philosophie de cette page pittoresque de notre histoire sociale.

LES BAINS CHINOIS
Boulevard des Capucines (1849).

LE RESTAURANT DES FRÈRES PROVENÇAUX
(1850).

LE PANORAMA DES MODES DE 1850

LES TAPAGEUSES ET LES MYSTÉRIEUSES

Les dernières Lionnes avaient été emportées dans la tourmente de 1848 : les beaux jours du sport étaient passés ; les chevaux seuls couraient aux courses ; Chantilly était presque désert et l'hippodrome de la Croix de Berny ne comptait plus ses fidèles habitués.

Dans la République des modes, — on ne disait plus l'Empire de la mode, — deux écoles luttaient encore que Mme de Girardin avait décrites dans le *Vicomte de Launay* : l'École tapageuse et l'École mystérieuse. La première ne visait qu'à attirer les regards et à les éblouir, la seconde n'avait pour but que de captiver et d'*intriguer* l'attention. — On reconnaissait les *tapageuses* à

leur maintien orgueilleusement évaporé : elles portaient leurs
plumes en panache et leurs diamants en diadème ; les *mystérieuses* se devinaient à leur attitude noblement réservée :
elles portaient leurs plumes en saule pleureur et leurs diamants en cache-peigne, étouffés entre-deux nattes de cheveux
ou bien en longues chaînes tombantes, perdues
entre les plis de la robe. Les unes voulaient
produire de l'effet franchement, impudemment ;
les autres semblaient rechercher l'obscurité pour
qu'on vînt les y chercher. — Le rôle des premières était peu compliqué : il consistait à
choisir des choses extraordinaires que personne ne portât ; le jeu des secondes était plus
difficultueux et réclamait plus de tact : il s'agissait de porter ce que personne n'avait osé
porter et de paraître néanmoins aussi
simples de mise que la généralité des
femmes.

Quelques couturières avaient trouvé le
secret de contenter également ces ambitions contraires et d'unir ces autorités

1850

rivales dans un commun patronage. L'École mystérieuse
trouvait chez ces dames le vêtement frileux et pudique qui
seyait à son caractère ; c'était parfois un petit manteau de
velours noir, bordé d'une passementerie modeste ; mais ce
velours était magnifique, cette modeste passementerie montrait un travail prodigieux et la coupe de ce manteau était
du meilleur goût et trahissait une main maîtresse ; l'avan-
tage de cette simplicité dans le beau était d'être toujours
convenable. Cachée par un tel manteau, une femme pouvait
aller chez ses riches et chez ses pauvres. Cette élégance
hypocrite, à luxe faux, ne pouvait choquer que les envieux
connaisseurs ; ce manteau était un véritable manteau
d'héroïne de roman ; il n'était pas couleur de muraille, mais

il conservait comme un suave parfum de distinction et d'incognito.

L'École tapageuse trouvait chez les mêmes
tailleuses d'autres vêtements qui convenaient à
ses entreprises ; c'était encore un petit manteau,
mais garni de soixante-dix mètres de dentelles,
et qui ne convenait qu'aux jours de triomphe
où l'on mettait dehors toutes les voiles d'une
coquetterie huppée.

La secte des mystérieuses, d'après Delphine Gay, avait des prétentions artistes
et choisissait pour ses modèles les peintres les plus célèbres. « Ainsi, dit le
spirituel auteur des *Lettres parisiennes*,
cette noble et sévère coiffure qu'on a
tant admirée à la dernière réception

1850

des ambassadeurs, ce charmant chapeau en velours grenat
orné de plumes blanches que portait Mme l'ambassadrice
d'Angleterre, était copié d'après un portrait de Rubens. Tout
le monde parlait aussi de la belle coiffure de Mme de
M..., un voile léger drapé gracieusement au sommet
de la tête. — Chacun disait : Que c'est de bon goût !
que c'est distingué ! que c'est nouveau ! — Nouveau ! c'est la coiffure de la *Vierge aux raisins*,
exactement copiée ; une pluie d'or et d'argent
tombée sur ce chaste voile a seule changé la
coiffure divine en parure mondaine. Et ce joli
petit bonnet de Mme de V..., en tulle blanc, orné
de bouquets blancs, sur lequel est jeté coquettement cette marmotte de dentelle noire nouée
sous le menton, il n'est pas de Raphaël, mais il
doit être de Chardin, de Lancret ou de
Watteau, d'un de ces Raphaël rococo des
plaisants jours de la Régence, à moins qu'il

1851

n'ait été composé d'après quelque bergère en porcelaine, ce qui serait encore plus classique. »

Les élégantes de l'École tapageuse protégeaient certaines couturières qui mettaient, avec un goût supérieur, leur imagination au service d'une érudition précieuse ; ces artistes de haute envolée étudiaient la peinture et s'inspiraient de la littérature tragique, dramatique et mélodramatique. Elles assistaient aux premières représentations et ne manquaient pas aux expositions de l'Académie de peinture. Leurs corsages turcs ou grecs, leurs vestes polonaises, leurs tuniques chinoises, leurs dolmans hongrois, leurs amazones russes étaient tous inspirés par des documents sérieux, et, de tant de modes étrangères elles faisaient une mode française délicieuse où rien ne choquait, tant étaient fondues les nuances et tant les festons et les passementeries étaient ménagés sobrement. C'était parfois bizarre, audacieux, mais toujours joli. C'est une de ces couturières qui fit

1851

pour le mariage de la reine d'Espagne une robe de noce, ornée de douze couronnes, représentant les douze Provinces des Espagnes. Palmyre vivait encore de réputation, et plusieurs élégantes professaient le respect de son art et de son style. Tapageuses et Mystérieuses étudiaient à son école, mais la reine des couturières de 1830 ne régnait plus de fait, il s'était formé à sa suite, et à son exemple, une quantité de maisons rivales qui remplissaient les journaux de modes de leurs réclames et de leurs exploits. On citait partout Mlle Félicie, Mme Baudrant, Mme Quillet, toutes expertes héritières de l'Empire florissant de Palmyre et d'Alexandrine.

UNE LOGE AUX ITALIENS
(1852).

LES DERNIERS LIONS DU BOULEVARD
(1853).

La société parisienne fut livrée en 1850 aux plaisirs, aux bals, aux réceptions et aux théâtres avec tant d'entrainement qu'on n'aurait pu supposer qu'une révolution venait de changer radicalement la forme du gouvernement. On n'entendait parler que de bals et de soirées brillantes : bals chez le Président de l'Assemblée, soirées chez le Prince Président de la République, bals à l'Ambassade turque, bals chez les banquiers, bals dans le faubourg Saint-Germain, bals à l'Hôtel de Ville, bals au profit des pauvres, sans compter les bals d'actrices qui étaient devenus à la mode et avec lesquels ne pouvaient rivaliser ni l'aristocratie, ni la politique, ni la finance, ni l'administration. C'était une fureur, une fièvre, un délire; il n'était démarches que les élégants ne fissent pour être invités à ces raouts. Les dames du monde, outrées de ces tendances vers le théâtre d'une partie de leur société, ne parlaient rien moins que de créer une association entre les maîtresses de maison, pour mettre en interdit les cavaliers qui auraient assisté à un bal d'actrices; cette association compta même un très grand nombre de signatures des plus marquantes du faubourg Saint-Germain, du faubourg Saint-Honoré et de la Chaussée-d'Antin ; mais aucune mesure vexatoire ne fut prise à l'égard des délinquants.

Mlle Alice Ozy avait inauguré l'ère de ces soirées d'actrices; à sa suite étaient venues Mme Octave, du Vaudeville, puis Mlle Fuoco, danseuse à l'Opéra. La mode gagna de proche en proche tous les théâtres; Mmes Doche, Renaud, Mlles Cerrito et Plunkett étaient

1852

au nombre des plus enragées danseuses. La célèbre
Atala Bilboquet, veuve du saltimbanque, donna le
soir de la mi-carême un grand raout où l'on n'était
admis qu'en culotte courte et en souliers à
boucles. Cette simple fantaisie faillit presque
faire abandonner les pantalons; nos dandys, nos
financiers, nos diplomates, nos artistes et
nos gens de lettres étaient ravis d'endosser
cette culotte depuis si longtemps proscrite et
qui revenait en honneur. Jamais les théâtres
n'avaient été plus suivis et plus à la mode
dans le monde; dans cette année 1850, on
donna la *Charlotte Corday*, de Ponsard; *la
Queue du chien d'Alcibiade*, de Gozlan; *le
Chandelier*, d'Alfred de Musset; *les Amoureux sans le savoir*, de Jules Barbier et

1853

Michel Carré; *les Contes de la reine de Navarre*, de Scribe
et Legouvé; *Horace et Lydie*, de Ponsard; *le Carrosse du
Saint-Sacrement*, de Mérimée, et nombre d'autres pièces de
Viennet, de Monrose, de Plouvier, etc. -- La
Comédie-Française, qui avait à sa tête Arsène
Houssaye, brillait d'un éclat surprenant et depuis
longtemps oublié.

La vogue revenait peu à peu au Théâtre-Italien, où toutes les élégantes se donnaient rendez-
vous pour applaudir Mme Sontag, Colini, Gar-
doni et autres chanteurs non moins célèbres;
l'Opéra était florissant et tous les autres
théâtres de la capitale étaient entourés de
spectateurs avides de drames et de vau-
devilles. Il n'était pas, dans le monde, de
conversation plus courante que celle qui
prenait pour texte la comédie et les acteurs. Parler d'une pièce nouvelle, de la

1853

cantatrice ou de la danseuse en crédit semblait d'une
éloquence facile, et on ne manquait pas dans les salons
d'aborder ce sujet après les questions sur la pluie et le beau
temps ; on parlait de la Fiorentini dans la *Norma* ; de
Duprez dans *Guillaume Tell* ; de Samson et de Geffroy dans
le Mariage de Figaro ; de Mme Allan et de Bressant dans
le Misanthrope ; de Frédérick Lemaître, de Rose Chéri et
de Lesueur ; de Mélingue et de Mme Guyon, et enfin
du funambulesque pierrot Paul Legrand.

Le théâtre semblait avoir mordu les gens du
monde à ce petit endroit sensible : la vanité.
« Tout salon est un théâtre, — dit Auguste
Villemot, dans une de ses spirituelles chroniques ; tout paravent, une coulisse — tout
beau-père est un souffleur, — cet élégant
cabotinage amuse beaucoup les femmes ;
d'abord le tracas n'est plus l'ennui, c'est
toujours cela de gagné ; — et puis il y
a, dans la comédie de société, mille
combinaisons, où le cœur ou l'amour-
propre trouvent leur compte. Il y a tout
le ménage des répétitions, les déclarations autorisées par la brochure, la main

1853

pressée, les compliments adressés au personnage et
dont la comédienne fait son profit ; il y a enfin, le jour
de la représentation, des toilettes pleines de fantaisie, un
rôle qui rit, si on a de belles dents, et qui sourit seulement
dans le cas contraire ; enfin toutes les évolutions de la beauté
calculées par la grâce et la coquetterie. — On me cite,
poursuit Villemot, une femme d'un très grand monde, beaucoup plus fière encore de son opulente chevelure blonde
que de ses aïeux. Le rêve de cette femme est de représenter
Ève. — Elle est à la recherche d'un Paradis perdu en prose
ou en vers, et elle frappe à la porte de tous les poètes pour

se le procurer. Un jeune et célèbre écrivain consent bien à se mettre à l'œuvre, mais il voudrait jouer le rôle du serpent qui est déjà distribué. En attendant, la dame joue toute espèce de rôle, pourvu qu'il y ait un évanouissement ; à ce moment ses cheveux se détachent tout naturellement, et l'effet est produit. »

1854

Le Carnaval expirait au bruit des orchestres ; mais, dès les premiers jours du carême, la société semblait se recueillir et les élégantes parisiennes se partageaient entre les prédicateurs et les vanités du monde. — Des orateurs de la chaire faisaient des campagnes bibliques contre les frénésies du luxe féminin et contre la légèreté des mœurs ; la littérature sacrée trouvait des images saisissantes, des métaphores hardies, contre les modes — gonflées d'iniquités, — voulant peut-être parler ainsi des crinolines naissantes, mais encore gracieuses et nullement encombrantes. Les belles mondaines accueillaient ces torrents d'éloquence avec une ferveur marquée et beaucoup de componction, promettant de s'amender et de refréner leur luxe indiscutable ; elles songeaient à devenir simplettes et décentes sous la perkale ou le modeste organdi, la seule étoffe honnête, comme disait Balzac, dont le chiffonnage ne peut pas s'effacer, mais, dès le vendredi saint, l'écho du vieux Longchamp — qui n'existait plus guère qu'en souvenir — faisait encore revivre en

1854

UN POINT ÉLÉGANT DE LA RUE RICHELIEU
Le Magasin de la Compagnie des Indes (1854).

BOULEVARD DES ITALIENS
Rive gauche (1855).

elles la passion invétérée de la mode, du luxe et de la toilette.

Voyons un peu quels étaient les caprices et les fantaisies de la fashion à cette date qui est comme le méridien exact de ce siècle.

La révolution de 1848 n'avait pas apporté de notables variations dans le costume en général ; tout au plus vit-on, après les journées de février, quelques rubans tricolores aux robes et aux chapeaux et plusieurs *manteaux Girondins*, recouverts de trois petits lacés nuancés, faits de mousseline avec garnitures festonnées ; mais rien d'excentrique ne parut dans le début de la seconde République. Le bon ton était porté à la simplicité et les véritables élégantes s'appliquaient à suivre rigoureusement les ·modes en se gardant bien de jamais les exagérer.

Il semblait nécessaire à une coquette mondaine d'avoir chez soi, le matin, une jolie robe de chambre en cachemire doublée de soie et ouatée, à manches larges, à pardessus polonaise se séparant de la robe ; les sous-manches de batiste ou jaconas brodées d'un entre-deux en broderie anglaise, avec volant brodé de même, posé en montant, du haut de l'entre-deux, et formant fichu à jabot. D'autres robes de chambre se faisaient en soie, satin à la reine, damas, doublées de soie piquée, avec ornements de dentelle, galon velouté ou ruban.

Pour les sorties de la matinée, visite ou promenade, on portait la redingote de soie riche, damas, reps ou gros de Tours, côtelé fond vert, noir, bleu, marron, avec fleurs en guirlandes. Ces redingotes pouvaient se porter sans garnitures, de même qu'elles s'ornaient à volonté de passementeries ou de dentelles de laine.

Comme coiffures, les modistes fabri-

1856

quaient beaucoup de capotes de taffetas couvertes de crêpe lisse; d'autres en taffetas
ornés de blonde de soie; quelques-unes,
et non des moins jolies, étaient recou-
vertes de taffetas à grosses coulisses placées
en rivière sur la passe, le bord
orné d'un triple rang de petites
blondes de soie. Sur ces chapeaux, on posait des fleurs
en velours : pensées, oreilles
d'ours et primevères. — Pour
les bonnets, jamais peut-être
on n'en conçut de plus coquets, de plus légers, de
plus vaporeux ; c'étaient des
blondes de soie tournées de
spirales avec grappes en

1857

fleurs sur les côtés; des ronds de blonde posés sur des
demi-guirlandes de volubilis roses dont les menues
branches tombaient en arrière dans la chevelure, des malines enroulées avec des petits
canons de rubans, des mignonnes coiffures
de point d'Angleterre ou de Chantilly
arrangées avec un goût incomparable et qui
donnaient aux physionomies des femmes
— grâce à la simplicité de la chevelure
et du costume et grâce aussi au tablier
de soie qui se portait souvent au
logis — un petit air décent, piquant,
bizarre, un je ne sais quoi qui tenait
à la fois de la soubrette et de la
grande dame. On fit venir en vogue
les chapeaux de paille de Florence
ornés de plumes d'autruche, de ma-

1857

rabouts, de tulipes, de roses, de lilas, de muguets ou de
fines guirlandes de liserons.

Dans les journées d'été, les mondaines adoptaient les
robes de barège à disposition, ou des robes plus simples en
perkale, jaconas et brillantine à fond blanc avec grands
dessins perses. Les petites femmes, qui craignaient de disparaître sous l'ampleur des jupes garnies de trois volants,
ne portaient qu'un seul volant à tête terminant la jupe. On
voyait de fraîches robes de mousselines de coton, fond
rose à dessins blancs, des canezous blancs avec jupons de
taffetas, des redingotes de piqué blanc; des châles de crêpe
de Chine fond blanc ou de couleur, brodés de dessins de
toutes nuances d'une très grande richesse, représentant
des pagodes habitées, des oiseaux fantastiques, des semés
de fleurs, toute la profusion d'ornements décoratifs du
Céleste Empire. Comme châles simples, les dames jetaient
sur leurs épaules de larges tulles blancs, imitant la dentelle de Valenciennes, la dentelle ou la guipure ou bien
des châles de taffetas noir à bordures brochées de palmes,
rappelant les broderies turques et les cachemires à broderies de soie.

Les robes de bal défrayaient principalement l'imagination des couturières. Ces robes
étaient très amples et garnies du bas, de manière à leur faire décrire un très grand cercle ;
ce que l'on supprimait sur le haut se repor-
tait sur le bas ; aussi les robes ornées de
volants en dentelle étaient garnies au bas
de trois ou quatre bouillonnés de tulle, et
les volants se posaient au-dessus ; toutes
les garnitures étaient disposées de manière à faire évaser les jupes. Pour les
demi-toilettes, les corsages décolletés sur
le devant en carré devenaient générale-

1858

ment fort prisés des élégantes ; ces corsages se prêtaient à beaucoup d'ornements : dentelle, blonde, bouillonnés de tulles froncés, rubans, passementeries et le reste. Une gravure nous en représente un de damas gris perle, dont le devant était orné de bouillonnés de tulle, traversés chacun par un ruban qui venait se nouer au milieu ; le tour de la robe était orné d'une blonde encadrant le devant du corsage, surmonté, auprès du décolletage, d'un bouillonné de tulle ; les manches étaient bordées de deux rangs de blonde et garnies des mêmes bouillonnés qu'au corsage. — Les journaux de modes, rien que pour 1850, donnent plus de 1,800 modèles de robes de bal différentes.

1859

Les sorties de bal doublées de fourrure ou de soie piquée et bordées de fourrures étaient alors très employées.

Les coiffures à la Marie Stuart rivalisaient avec les coiffures à la Valois, adoptées par les jolies femmes qui faisaient partie de cette école des *tapageuses* dont nous parlions plus haut. Dans la coiffure à la Valois, les cheveux se relevaient comme pour la coiffure à la chinoise ; ils se retroussaient en bourrelets tout autour du front. Partout on voyait des guirlandes de fleurs mélangées de blonde se mêler aux cheveux. Il existait, d'après M. Challamel, plusieurs genres de coiffure : la coiffure Druidique se composait de chêne vert ; la coiffure

1860

L'AVENUE DU BOIS DE BOULOGNE
(1856).

33

LES SPECTATEURS DE LA COMÈTE
Sur les boulevards (1857).

Néréide comprenait toutes les fleurs aimées des naïades ; la coiffure Léda était en petites plumes d'oiseau de Barbarie ; la coiffure Proserpine se faisait avec des fleurs des champs, rappelant ainsi Proserpine avant son enlèvement ; la coiffure Cérès montrait les attributs ordinaires de la bonne Déesse.

1860

Comme bijoux, on portait de grandes chaînes de grosses perles, sans fermoir, qui, après avoir fait le tour du cou, venaient retomber à la hauteur de la ceinture ; puis des bracelets en marcassite, en émail, en diamants, en camées ; enfin, pour relever la blancheur du cou, on s'attachait des colliers de velours de la largeur de deux doigts. Beaucoup de bijoux étaient en émail vert, en émail or et perles, en bleu argent oxydé. — Les épingles des bonnets, les broches, avaient des pendants de perles ou de diamants. Comme la vogue des manches *Pagodes* était revenue, on avait pris l'habitude des *brassards* en velours ou en rubans, dont les choux et les nœuds cachaient entièrement le poignet. — Après cette pénible nomenclature de chiffons divers, exhumés avec l'aide des bons courriéristes de modes agréables et utiles encore à consulter, respirons enfin et passons outre de ce vestiaire, en jetant un dernier regard sur la Société de 1850 :

1860

Parmi les fashionables et les mondaines, on citait Mmes Wolowska, la comtesse de Villars, Mmes Eugène Scribe, Victor Hugo, Anicet Bourgeois,

21

1860

Paillet, Achille Fould, la comtesse Le
Marrois, la comtesse de Vergennes, la
marquise de Las Marismas, Mmes de
Crussol, de Vogué, de La Rochefoucauld,
de Caraman, Decazes, de Villeneuve, enfin
la plupart des futures grandes dames qui
brillèrent sous le Second Empire.

En cette heureuse année 1850, —
sur laquelle nous venons de jeter si
subrepticement un circulaire coup
d'œil, — rien ne troublait la sérénité
publique ; on pouvait se livrer au
plaisir sans inquiétude d'aucune sorte,
sans crainte du lendemain ; on ne parlait
que de la direction des ballons, des
projets de M. Pétin et de la frégate
aérienne l'*Éola* sur laquelle un Espagnol, M. Montemayor,
fondait les plus grandes espérances. — La Californie et
ses mines d'or troublaient aussi beaucoup de têtes ; bien
des femmes songeaient à se rendre à San-Fran-
cisco : leur imagination leur faisant voir ce pays
nouveau comme un royaume féerique où elles
pourraient naviguer sur des rivières de diamants
ou s'enfouir jusqu'au cou dans des carrières
de pierres précieuses.

L'année 1850 vit disparaître le dernier
dilettante excentrique qu'on ait vu à Paris,
le pauvre Carnavale. Après lui, on ne
vit plus sur nos boulevards d'originaux
autrement vêtus que de noir et marchant plus ou moins sur les pas de
la mode. — Carnavale n'était pas un
dilettante ordinaire ; — c'était un sym-
boliste et aussi un harmoniste ; ses

1860

costumes variaient selon le temps, selon la couleur de
son esprit et suivant les représentations du Théâtre-Italien. Il portait un habit jaune serin les jours où on jouait
Il Barbiere, une jaquette vert pomme le jour de *Tancredi*,
une redingote rouge les jours de *Semiramide* et bleu ciel
les jours de *Lucia*. Il se montrait avec des rubans au cou,
des ceintures flottantes, des fleurs et des plumes au chapeau, le tout par un pur esprit de dilettantisme que nos
outrecuidants chercheurs de réclames, nos types divers de
mages, *sars* et esthètes modernes, n'ont pu faire oublier.

Carnavale, l'ami de la Malibran, de M. Laffe, de
Bellini et de Napoléon III, cessa d'égayer la vue des habitués du Théâtre-Italien et de la Bibliothèque Nationale. Au
milieu de ce siècle, il disparut, s'éteignit comme une lanterne multicolore, comme un dernier reflet de notre éclatant romantisme. — A dater de 1850, notre siècle semble,
hélas ! définitivement voué au gris, au terne de la confection
pour tous, à la symphonie de deuil des étoffes de Sedan.
— C'est le *requiescat* de la fantaisie qui se fait entendre,
l'avènement du morne ennui de l'uniforme masculin, le
Règne de l'égalité dans la sombre laideur du costume.

1858

LES JARDINS DU BAL MABILLE
(1858).

DERNIER COUP D'ŒIL AVANT LE BAL
(1858).

LA VIE PARISIENNE DU SECOND EMPIRE

❦

MONDAINES ET COCODETTES

ARVENU à ce chapitre, nous éprouvons quelque gène; parmi les variations du costume décrites jusqu'ici, nous avons rencontré des modes plus ou moins heureuses et répondant de près ou de loin à un vague sentiment d'esthétique; nous avons pu exposer certaines laideurs et incorrections, ou bien entrevoir d'aimables audaces de déshabillés charmants; mais nous ne nous sommes point encore heurtés au ridicule de parti pris, à la déformation volontaire des lignes féminines, à l'inélégance épouvantable des ajustements.

Avec le *Second Empire*, nous atteignons à la plus vilaine époque du costume de la femme depuis les temps les plus reculés jusques à nos jours; nous nous trouvons face à face avec ce que l'esprit humain a pu inventer de plus mal gracieux, de plus enlaidissant, de plus mensonger et de plus outré dans la recherche des vêtements d'intérieur et du dehors : nous nous butons à la crinoline, aux volants,

aux falbalas insensés. Résignons-nous toutefois à cet abor-
dage, sous menace de n'être point tendre pour les goûts
déplorables qu'ont dû subir nos récentes grand'mères.

La société, depuis la Révolution de 1848, s'était singulièrement transformée. Les chemins de fer, qui venaient d'être
mis en pratique dans toutes les directions, contribuèrent
largement à ce prompt changement des mœurs générales
jusqu'alors casanières et rangées.

Le goût des déplacements, des voyages, des courses vers
les villes d'eaux et les bains de mer pénétra vivement dans
le grand monde et la bourgeoisie, grâce aux premières applications de la vapeur. Les nouvelles facilités de la vie pro-
duisirent presque aussitôt un abandon général de ce *quant
à soi* qui était la ligne de démarcation de l'existence d'aristocratie sédentaire. Toutes les classes sociales se trouvèrent
peu à peu mélangées, les fortunes furent plus rapides, les
parvenus de la veille triomphèrent et furent accueillis en tous
lieux ; le puffisme gagna tous les rangs, la vanité régna en
maîtresse, le luxe se fit grossier, provocant et tapageur.

Les casinos, les kursaals, les redoutes, les temples des
jeux et de la danse eurent soudain une vogue considérable.
A Spa, à Baden-Baden, plus tard à Monaco, on vit s'asseoir
autour des tapis verts et de la roulette les filles du demi-
monde et les dames de bon ton, qui ne craignaient pas
d'imprimer à leurs quartiers de noblesse un vertigineux
balancé au pays du *cancan* et de la *cascade*. En une même
génération spontanée naquirent la cocotte et la cocodette ;
celle-là, hétaïre vénale, qui remplissait Paris et autres villes
de joie du fracas de ses excentricités et de ses costumes
aveuglants de mauvais goût ; celle-ci, au contraire, mondaine
blasée, lassée, curieuse de surmenage et de bruit, qui,
affectant les allures des Phrynés modernes, s'empressait
d'arborer le chignon désordonné, la chevelure artificielle

carotte ou queue de vache, le fard, le clinquant des parures,
le jargon et l'allure canaille des Cythères parisiennes. Entre
la fille de marbre, la *biche* en renom et la *cocodette*, la diffé-
rence était mince : l'une luttait pour la vie, l'autre ne com-
battait que contre l'ennui et le vide d'une existence morne,
déséquilibrée et sans autre but plus nettement défini que le
plaisir.

Cocottes et cocodettes inauguraient un règne d'inélégance,
de camelote, d'abâtardissement moral et de mauvais ton. —
Jamais, dans le cours du siècle, on n'avait vu un défi aussi
effronté porté à la coquetterie, à la grâce, à la beauté. Jamais
le sentiment de l'art ne fut aussi nul et aussi tapageuse-
ment malmené et bafoué.

Qu'on regarde, sur les vignettes et les gravures du temps,
ces effroyables crinolines qui ballonnent la femme dans un
grotesque aunage d'étoffes, qu'on examine ces demi-manches
larges et disgracieuses, ces bottines haut montées, dévelop-
pant l'amour du mollet, cet amour bête de toute une génération, qu'on contemple ces chevelures de sauvagesses, à
peine dissimulées sous des toquets de velours ou des
chapeaux aux brides folles, qu'on inventorie la laideur
même des étoffes en usage, la vulgarité des nuances
hurlantes, les bariolages épais, les passementeries
lourdes de toutes ces modes d'il y a près d'un
demi-siècle, et l'on jugera de l'ahurissement
prodigieux que produiront sans doute ces
toilettes folles sur l'esprit de nos successeurs
quand, d'ici cinquante ans, se fera
la grande revue des costumes de
ce dix-neuvième siècle.

Il serait, en effet, difficile de rencontrer des tons de costumes plus
heurtés, plus contraires aux lois de
l'harmonie des couleurs que ceux

1861

qui furent en si grand honneur sous ce second Empire,
et dont nous voyons trop souvent encore des affreux
spécimens accrochés dans les vitrines des marchandes
à la toilette. Comment imaginer des *violets* aussi renver-
sants, des *roses* aussi peu meurtris, des *verts* plus bru-
talement crus, des *marrons*, « dos de hanneton », plus
brenneux, des *gris* plus sales, des *jaune soleil* plus aveuglants? Toute cette tonalité de gravures d'Épinal faisait
florès cependant; on inventait des rouges solferino, marengo,
sang de bœuf, capables de congestionner tous les taureaux
de la Camargue ou de l'Andalousie.

L'Impératrice Eugénie était devenue, aussitôt son avènement au trône, l'arbitre des variations du costume; dès le
jour de son mariage à Notre-Dame, le 30 janvier 1853,
elle sut imposer souverainement son goût turbulent, criard,
espagnol pour tout dire, à la France; la robe qu'elle portait
pour la cérémonie à l'église était de velours blanc uni, faite
à longue queue; la jupe toute couverte de volants de magnifique dentelle d'Alençon, le corsage à basquines était couvert
sur le devant d'épis de diamants posés comme
brandebourgs. Un voile de point d'Alençon tombait sur les épaules et était attaché sur la tête
par une petite couronne de fleurs d'oranger;
un diadème aux merveilleux saphirs, avec le
tour de peigne, faisait une coiffure et complé-
tait une toilette dont on fit si grand bruit.

— L'Impératrice portait alors les
cheveux relevés sur le front, et
cette gracieuse manière, qui convenait si bien à son visage,
devint au bout de peu de
jours la coiffure généralement à la mode; mais il
est juste d'observer qu'elle

1861

seyait fort mal à de très nombreuses physionomies féminines à la ligne desquelles elle ne pouvait s'harmoniser.

Durant les premières années de l'Empire, la mode resta à
peu près ce qu'elle était en 1850; les jupes furent plus
bouffantes; on fit des corsages à la Vierge, des corsages
Pompadour, des corsages Watteau avec garnitures de dentelles, de velours, de fleurs, de rubans ruchés,
papillonnés, qui étaient très gracieux. Les couleurs
d'étoffes varièrent à l'infini; il y eut parmi les plus
célèbres la nuance *Téba* et le jaune aventurin;
comme toilettes habillées, on faisait des robes
de moire antique roses ou bleues, avec basques
garnies de franges et de dentelles ou de plumes
blanches; les tailles s'étaient un peu raccour-
cies, mais les costumes féminins demeu-
rèrent encore élégants. Les coiffures
capotes, toquets ou chapeaux de paille
s'harmonisaient avec l'ensemble de ces
toilettes sans trop d'ampleur ni de sur-
charges; on pensait revenir peu à peu
plutôt aux modes du Consulat qu'aux
paniers du règne de Louis XVI, lorsque,

1861

dans la seconde période du règne de Napoléon III, l'affreuse
crinoline parut, ou plutôt s'accentua, au grand étonnement
de toutes les Françaises qui sentaient le ridicule caricatural
de cette mode incroyable et encombrante.

« D'incessantes critiques attaquèrent la crinoline, raconte
M. A. Challamel dans son *Histoire de la mode*; on trouvait
qu'il y avait bien d'autres moyens de soutenir les volants.
Ne pouvait-on pas adopter des jupons empesés, des jupons
à volants, des jupons à trois étages, en gros calicot? — Le
crin n'avait pas seul la vertu souveraine pour gonfler les
habillements.

« Malgré ses ennemis, ou à cause de ses ennemis peut-

22

être, la crinoline ne tarda pas à régner en maîtresse absolue. Nombre de femmes, après avoir déblatéré contre les horribles crinolines, acceptèrent les jupons empesés, les jupons à volants, plus gracieux que le crin, mais encore très embarrassants ; l'essentiel était d'augmenter la corpulence, de masquer la maigreur, et surtout de suivre le courant des idées reçues. — Quelques vraies élégantes inventèrent un jupon baleiné qui ressemblait assez à une ruche d'abeilles, toute l'ampleur se pavanait sur les hanches ; le reste tombait droit. D'autres préférèrent les cerceaux arrangés comme des cercles de tonneaux ; les plus modestes firent doubler leurs volants de groses mousseline raide, leurs ourlets de bandes de crinoline, et elles s'affublèrent de quatre ou cinq jupons raides et empesés, à baguettes, à carreaux, etc. — Quel fardeau à supporter !

« Quant aux cercles d'acier qui ne tardèrent pas à se répandre, non seulement ils étaient disgracieux, mais ils ballottaient à droite et à gauche. Souvent, vu leur peu de longueur, ils laissaient dans le bas de la jupe rentrer la robe en dedans. En passant, les dames voyaient des hommes légèrement sourire, sans s'émouvoir devant ces « malappris ».

« La plus grave question politique du jour ne passionnait pas plus les Français que la question de la crinoline ne passionnait les Françaises, — dit encore M. Challamel, qui a le mérite de faire ici revivre ses souvenirs ; deux camps se trouvaient en présence. Dans l'un, les adversaires de la crinoline jetaient feu et flamme ; dans l'autre les soutiens de cet ajustement se fondaient sur l'exigence de la mode, dont il leur paraissait impossible de ne pas suivre aveuglément les arrêts. D'abord, on avait pris l'habi-

1862

tude de la crinoline, et ceux qui lui gardaient rancune
acquéraient la réputation de mauvais plaisants, de gens à
préjugés, de frondeurs obstinés. Toutefois, si l'on ne renon-
çait pas aux jupes ballonnées, on abandonna peu à peu les
cages et les cerceaux, pour les remplacer par plusieurs
jupons amidonnés. On s'amendait en partie; cette modifi-
cation combattit le ridicule des crinolines; mais
celles-ci luttèrent, il fallut plusieurs années pour
opérer un changement que le simple bon goût eût
dû amener depuis l'apparition du crin, des
baleines et des ressorts d'acier. »

Ce que cette mode invraisemblable fit
couler d'encre pour et contre, tant dans la
presse parisienne que dans des brochures
diverses, on ne saurait se l'imaginer.
M. Albert de la Fizelière a écrit vers
ce moment une amusante petite mo-
nographie de *la Crinoline au temps
passé*, suivie de *la Satire sur les
cerceaux, paniers, criardes et manteaux volants des femmes*, par le
chevalier de Nisard.

1863

Il y aurait sur la mode des crinolines, à dater de 1855,
un ouvrage des plus curieux à écrire, en signalant les luttes
de partis et en fournissant toutes les pièces à annexer à cette
histoire. Nous croyons même qu'il existe deux ou trois
poèmes sur *la crinoline*, en dix ou douze chants chacun.
— Montaigne, en parlant des vertugadins qui régnaient
en France, semble avoir déjà, avec son bon esprit gaulois,
amplement résumé la question : « Pourquoi, dit-il, les
femmes couvrent-elles de tant d'empeschemens les uns
sur les autres, les parties où loge principalement nostre
admiration? et à quoi servent ces gros *bastions — vallo
circumdata —* de quoi les femmes viennent d'armer leurs

flancs, qu'à leurrer nostre appétit et nous attirer à elles en nous esloignant? »

Montaigne avait grande raison. La femme esthétiquement est faite pour être vêtue selon les sinuosités exquises de ses lignes ; rien ne doit masquer l'ampleur ni les vallonnements adorables de sa gorge, la cambrure de sa taille ou l'élégance de sa nuque, cette partie damnable, attirante, faite pour y enfouir les baisers. La jupe doit épouser ses formes, modeler les hanches, adhérer aux rondeurs des cuisses et mourir en plis gracieux sur la délicatesse des attaches du pied dont la pointe semble émerger de la soie des guipures et des batistes.

Toutes les modes qui ont engoncé la femme ont été des attentats contre sa beauté et des obstacles contre la sélection naturelle ; les modes *godronnées*, empesées, déformatrices du corps ont toujours été prônées et imposées par des souveraines mal faites, intéressées à dissimuler des défauts de corsage, des maigreurs terribles ou des pauvretés de chute de reins.

1863

Toujours est-il que, dans l'histoire, même en remontant aux Valois, on ne vit jamais de plus affreuses confections que celles qui s'étalèrent durant plus de quinze années sur ces larges cages à poules qu'on nomma crinolines. L'histoire future, en montrant ces modes effroyables à nos petits-neveux, ne semblera pas digne de foi, et l'horreur de cet encrinolinement sera d'autant plus grande que rien d'artistique ou d'original dans l'agencement de ces costumes féminins ne vient en racheter la difformité et l'outrance.

Les modes varièrent cependant de 1851 à 1870 d'une façon inquiétante pour l'historien futur qui les voudra ana-

LES COURSES AU BOIS DE BOULOGNE
(1862).

LE NOUVEAU FOYER DES FRANÇAIS
Mᵐᵉ de R*** en 1863.

lyser. — Nous avons voulu parcourir la plupart des journaux
spéciaux durant ces vingt années, et, outre un prodigieux mal
de tête, nous avons constaté avec un profond découragement
que deux années de la vie d'un travailleur suffiraient à peine
à colliger en dossiers les annotations nécessaires pour un
simple résumé historique de ce monument du costume sous
le second Empire. Que nos lectrices — qui sont arrivées
aujourd'hui à cet âge résigné et hivernal où l'on ramène à
soi ses souvenirs, dans les rêveries du coin du feu — se
rappellent les diverses robes qu'elles ont choisies, exhibées
avec ivresse et rejetées tour à tour pour se parer d'autres
ajustements plus en vogue ; qu'elles regardent au fond des
armoires leurs manches *pagodes* brodées à jour, leurs collerettes, leurs fichus, leurs cachemires d'autrefois ; qu'elles
songent surtout aux toilettes de leurs amies, à celles qu'elles
ont enviées, aux confections qu'elles ont jalousées ; elles
verront alors que non seulement tous ces chiffons étaient
vanité, mais encore elles se diront que le souvenir même est
infidèle et ne saurait garder l'impression ni la forme de tant
de garnitures et parures opposées dont la trans-
formation fut si traîtreusement insensible d'année
en années, de saison en saisons.

Qu'elles évoquent dans leur mémoire le
manteau Talma, le Mousquetaire et la rotonde, cette abominable rotonde, qui, tombant sur la crinoline, donnait à une
femme l'apparence d'un pain de sucre ;
qu'elles revoient en pensée le
châle hindou-cachemire et le
châle hindou de laine, le châle
mouzaïa ou tunisien, avec ses
rayures blanches et bleues,
rouges et vertes ; le burnous
algérien avec glands en poil de

1863

Thibet; le « manteau impératrice », les mantelets et les basquines. Qu'elles se remémorent encore les capelines en batiste écrue, garnies de rubans de taffetas, les capelines de mousseline, doublées de transparents roses, bleus ou mauves et les capulets en laine, qu'elles portaient à la mer ou à la campagne.

Que tout cela était laid et de mauvais goût, convenez-en de bonne foi, Mesdames ? Sans avoir crainte de les lasser, ces lectrices aujourd'hui presque sexagénaires, nous ferons défiler dans leurs souvenirs les vestes zouaves, les vestes turques et grecques, les *Figaro* et aussi les *Ristori*, disgracieux corsages qui avaient une sorte de coquetterie crâne, bon enfant et *zouzou*, une allure un peu abandonnée et négligée qui les rendait parfois provocantes à l'excès. — Poursuivons encore : nous voici arrivés aux vêtements de drap lisse ou de soie gros grain qu'on ornait de lourdes soutaches ou de broderies et qu'on bordait de peau d'agneau mort, teint en noir, désigné sous le nom d'astrakan. — Ces soutaches et cet astrakan, ne vous semble-t-il pas que ce soit toute une grande période de la mode impériale qui défile devant nous par la magie seule de l'image ? — Ne revoyez-vous pas ces longues planches gravées donnant des spécimens de la maison Gagelin, où des femmes, vues de face, de profil et de dos, déployaient sur leurs épaules de longues houppelandes chargées à outrance de torsades, de grecques, de tresses, de cordelières, de passementeries de toutes sortes, à prétentions militaires, et revêtues en outre de larges parements d'astrakan noir à poil frisé, qui était le comble du confortable et du *chic* ? — Est-ce tout ? — Pas

encore. — Rappelez-vous les petits paletots dits « marins »,
les vareuses, les saute-en-barque, dont vous faisiez provision
dans vos malles à l'heure de la villégiature et des vacances ;
ces vêtements étaient en drap léger, en étoffe anglaise, en
popeline de soie, en alpaga, en taffetas noir, avec force ornements de cette même passementerie contournée qui était
la folie du jour, la folie du Galon, la folie impériale.

N'avez-vous plus souvenance du paletot *Lydie*, des par-
dessus *Lalla-Roukh* et de la sortie de bal nommée *vesper-
tina* ? — On les portait à la même époque que les vestes
señoritas en velours, taffetas, en cachemire de nuance claire
ou en drap... Et les chemises russes ? — les *Garibaldi* en
foulard, en taffetas blanc, rouge, bleu, havane, brodés en
soutaches ou au point russe ? et les paletots-gilets Louis XV,
en drap anglais jaspé gris et noir, cela ne dit-il plus rien
aux échos de votre esprit ? — Devons-nous, pour ne point
vous laisser reposer, vous parler du *Péplum impératrice*,
formé d'un petit corselet auquel s'ajustait une
grande basque carrée devant et derrière, très
longue sur les côtés, vêtement précieux en ce
sens qu'il causa la chute de la crinoline et qu'il
fit plus d'honnête besogne par sa forme
seule que n'en avaient pu faire les libelles,
les pamphlets, les mandements, les sermons, toutes les éloquences de l'Église
et de la presse réunies.

Un fabricant, nous dit-on, ima-
gina alors des jupons à ressorts,
dont une partie se détachait à volonté ; un autre inventa une manière
de parasol transparent, un troisième se fit breveter pour avoir
conçu un système d'aération pour
coiffure, un quatrième enfin mit en

1864

vente dans tout Paris des ressorts crémaillères à l'usage des jupons, qu'il décora du nom d'*Épicycloïdes*. L'industrie ne se lassait point, le génie parisien avait quelquefois du bon goût, même dans le mauvais ton ; — on vit des boucles d'oreilles *aquarium*, des chaînes d'or *Benoîton*, qui formaient gourmette sous le menton ; on chaussa le cuir de Russie, on l'employa en ceintures, avec boucles de métal ; on se surchargea de chaînettes et de breloques et l'on campa sur les chevelures jaune, acajou, tomate, et sur toutes les nuances impossibles à la mode, qui n'étaient que les outrances du blond vénitien, — des chapeaux Trianon, Watteau, Lamballe et Marie

1864

Antoinette.—Oh ! les horribles et cascadantes coiffures ! Elles avaient un *sacré chien*, au dire des lorettes mondaines de ce temps ; mais, regardées à distance, vues avec le sentiment du goût moderne, *quelle dégringolade, mon Empereur !* — Ces cheveux, dépeignés, voltigeaient éperdus, mélangés de postiches de toutes sortes, brûlés par l'acide, rôtis par le fer, desséchés par l'ammoniaque ; ces cheveux morts, qui tombaient en chignon ou en frisures sous la toque, étaient bien la plus désagréable chose du monde, et jamais époque décadente ne nous offrit de plus grotesques spécimens de perruques artificielles. — Les femmes semblaient prendre plaisir à se rapprocher de la caricature, de la paradoxologie du costume et des turlupinades de la mode ; plus on montrait alors d'incohérence, de folie, d'invraisemblance dans ses ajustements, plus on risquait d'être proclamée l'incomparable reine de la fashion. — Les journaux du boulevard, qui commençaient à inaugurer le *reportage*, se complaisaient dans les descriptions minutieuses des toilettes qui portaient

UN BALCON DE LA RUE DE RIVOLI
(1864).

AU SALON DE PEINTURE DE 1865
Devant l' « Olympia » de Manet.

le plus ouvertement un défi à la raison et au bon sens. —
Avec leurs catogans, leurs immenses coques sur le sommet
de la tête, leurs grandes papillotes glissant à l'arrière, leurs
rangées de nattes, leurs repentirs ondulés et leurs rameaux
frisés qui tombaient jusque dans les yeux, les visages
féminins *encabotinés* n'avaient rien de cette grâce que donne
une coiffure naturelle ; tout cela était faux, figuratif, théâtral,
emprunté, de mauvais lieu. — Souvent, lorsqu'elle ajoutait
à ces buissons et à ces cascades, à ces spirales de cheveux
une petite toque en forme de boîte à dragées, avec sa robe
courte aux tons braillards ou ses soieries bariolées aux
couleurs d'une écurie à la mode, avec son ombrelle-canne,
ses bijoux et ses breloques, une Parisienne avait — il faut
bien le dire — quelque chose d'une guenon costumée.
Lâchée en pleine mascarade simiesque, cette femme à la
mode montrait, en effet, une allure pleine de contorsions et
une figure chafouine, au milieu d'hommes vêtus de *pet-en-
l'air*, culottés de collants, coiffés de chapeaux tyroliens à
plume de paon, vilains babouins mi-rasés, non moins
enlaidis, non moins *cabots* et non moins mal attifés
que leurs dignes compagnes ; car les *cocodès* et les
petits crevés de l'époque, successeurs des *daims*,
des *lions* et des *gants jaunes*, qui représentaient
alors la classe des élégants, n'étaient que
d'affreux bonshommes étiolés, flétris, bar-
bouillés de fard, parfumés, grasseyant et
ridicules, dont le costume, pour
ÉPATANT qu'il fût aux yeux de ces
fantoches, n'en était pas moins
laid, burlesque et contraire à
tout sentiment de correction.
Une assez médiocre épigramme
aux environs de mars 1867 nous
expose ainsi cet habillement :

1863

23

Le chapeau de forme est très bas,
Le gilet est presque invisible;
Le pantalon, lui, c'est risible,
Est collant du haut jusqu'en bas.
L'habit est plus court qu'une veste,
Le tout est si court qu'on en rit :
Devons-nous parler de l'esprit ?
Il est aussi court que le reste.

A Compiègne, à Biarritz, à Dieppe, à Trouville, à Bade, aux Eaux-Bonnes, à Plombières et dans les villes d'eaux et de plaisir, où se donnaient rendez-vous les élégantes du monde, les aventurières de la bohème dorée ainsi que toutes les femmes d'argent et de ruolz, les manifestations du luxe devenaient sans limites; c'était à la fois un assaut de fantaisies dans le vêtement et dans la désinvolture, une furia d'extravagances, de lubies sans nom, de dépenses voluptuaires comiques, sans goût ni valeur, mais faites exclusivement pour la galerie. On voyait en même temps des châles de laine tricotés avec des volants rouges, des robes somptueuses de soie brochée, des jupes de faille lamées d'or ou d'argent, des casaquins chargés de broderies, des écharpes extravagantes, des burnous arabes avec agrafes de diamants, des tarlatanes à rayures d'or, des dentelles à torsades du même métal, sans compter les bijoux, les médaillons, les broches, les croix, les colliers avec plaques de pierreries et tous les affiquets dorés, toute la charlatanerie du costume qu'on ne craignait pas de montrer, d'afficher, jusque dans les plus modestes casinos de villes d'eaux.

1865

Les robes de bals pour les fêtes d'hiver avaient des accessoires d'un prix incroyable. — En 1869, la duchesse de

Mouchy exhiba sur elle, au bal de Beauvais, pour près de deux millions de diamants. — Sa toilette ce soir-là se composait d'une robe à traîne en gaze ·blanche, avec un semé d'argent ; une seconde jupe courte, en soie raisin de Corinthe, formait tablier ruché ; le corsage, très bas, était coupé carrément et soutenu par des épaulettes étincelantes de pierreries ; une large écharpe de fleurs à feuillage argenté, prenant sur l'épaule, retombait en biais sur la jupe. — Plus d'éclat que de goût, on le voit.

La Parisienne aristocratique, il faut le dire, restait toujours une individualité, en ce sens qu'elle tenait les rênes de la véritable élégance et qu'elle passait avec une rare intelligence de l'une à l'autre mode sans absolument heurter le bon goût ou ce qu'on pouvait nommer alors de ce nom. Elle seule — *rara avis* — possédait le don de ne rien exagérer, et lorsqu'elle s'éprenait d'une originalité, on pouvait suivre ses élans gracieux et souscrire à tous ses caprices du jour. La Parisienne, par excellence et par quintessence, choisissait alors avec plus de tact et un plus louable discernement aussi bien ses modistes que ses couturières ; elle ne se laissait imposer ni les toilettes *Bismarck*, ni les corsages *casaque*, ni les poufs *Lamballe*, ni les chapeaux ponceau ; elle faisait plutôt naître les modes discrètes, les nuances *vanille*, *ambre*, *écrues*, *olive*, répudiant le *cramoisi*, le vert *Pompadour*, le rouge *Solférino*. Mais la Parisienne quintessenciée dont nous parlons n'était pas toujours Dame de la Cour ni femme de Financier ; elle régnait plus encore sur l'aristocratie innée du goût que sur l'aristocratie nobiliaire. Ce n'était point une parvenue, une créature de la *curée*.

Vers la fin du règne impérial, la cri-

1865

noline disparut enfin entièrement ; les femmes se dégon-
flèrent lentement et revinrent peu à peu aux robes collantes
et au respect de la nature ; les jupes à la chinoise furent,
pour ainsi dire, la dernière expression marquante de cette
maladie de la mode qui faillit porter atteinte à l'indestruc-
tible réputation de bon goût des femmes de France. — Mais
la guerre était proche. L'Empire ne devait pas bénéficier
de ce retour au bon sens et à la grâce des contours.

Après les costumes, un regard sur les coutumes.

Le monde élégant, le monde de loisir semblait avoir peine
à regagner ses quartiers d'hiver, tant étaient joyeuses les
réunions dans les châteaux. On chassait encore en décembre
et les abois des meutes faisaient retentir longtemps les
grandes futaies de leur sauvage harmonie. Partout éclatait le
son des trompes. A Compiègne, à Fontainebleau, à Chantilly, à Gros-Bois ; en Touraine, en Normandie, en Nivernais,
de l'est à l'ouest et du nord au midi, ce n'étaient que curées
froides ou chaudes : les grands veneurs étaient sur les dents.

On reculait le moment de l'hivernage pour mieux sauter
au retour, car Paris ne vivait encore que de bals, de
concerts et de sauteries ; dans le monde de
la Cour, de l'aristocratie, de la finance et de
la bourgeoisie, on réveillait le culte des concerts
et des redowas. — Fêtes chez la princesse
Mathilde, bals chez la duchesse Pozzo di
Borgo, chez la comtesse de Walewska ou
chez Mme de Biré ; concerts ou sauteries
chez la comtesse de Behague, chez la
comtesse d'Indry ou chez Mme Troplong. Les concerts n'étaient souvent
que le prélude des comédies de paravent ou des opérettes ; ce divertisse-
ment fort à la mode ne fut détrôné
que par la fureur des poses blanches   **1866**

DEVANT LE PALAIS DE L'INDUSTRIE

Le retour des Courses (1866).

UNE FÊTE AU PALAIS IMPÉRIAL DES TUILERIES
(1867).

ou plastiques qui montraient sur des Olympes de carton
toutes les scènes les plus décolletées de la mythologie repré-
sentées par des déesses mondaines en maillot.

Les cocodettes impériales apportaient un entrain diabo-
lique dans la recherche et la confection des costumes pri-
mitifs nécessités par ces divers tableaux du *Jugement de
Páris, Jupiter et Léda,* de *Diane et Endymion* et
autres sujets non moins décoratifs que libidineux.

La crinoline mystifiait si complètement les formes
que ces dames, en recherchant le maillot, avaient
l'excuse de proclamer aux yeux de tous la beauté
de leurs lignes.

Le carème n'arrêtait pas cet élan vers le
plaisir, ni ce besoin fougueux de se répandre en soirées, au théâtre, au bal ; on allait
bien à Notre-Dame, aux conférences du
Père Hyacinthe, qui était alors en grande
vogue et qu'on désignait pour succéder à
M. de Barante à l'Académie française ;
mais on se recueillait peu à ces sermons
mondains ; on s'y rendait par genre, pour
entendre ce célèbre carme, qui était le
lion du jour, et pour être en mesure de

1866

pouvoir décemment en parler. A peine au sortir de Notre-
Dame, les âmes pieuses n'allaient point revètir le cilice à
pointes de fer, ni dormir sur la cendre ; elle se rendaient
aux Italiens applaudir la Patti, ou bien aux Variétés admirer
la diva Hortense Schneider et ses grâces légèrement *chahu-
tantes* dans *la Grande-Duchesse de Gérolstein,* cette basse
pitrerie, présage de la débâcle, à moins qu'elles n'allassent
à la *Biche au bois* s'émerveiller des folles splendeurs de mise
en scène d'une féerie éblouissante de décors ; après cela, on
courait souper avec des bécasses aux truffes et se mortifier
à l'heure de *matines* au champagne frappé ; le carème était en

quelque sorte généralement le plus fou et le plus brillant
des carnavals. — A Pâques, les salons ne fermaient pas
encore ; on annonçait de semaine en semaine les dernières
soirées de l'hiver, et c'était toujours à recommencer.

— Chez Mme de Saint-Agamemnon, — écrivaient les
courriéristes — dernière soirée de l'hiver ; on y
entendra Fraschini.

—Chez la princesse Labribescoff, dernière soirée ;
on y jouera un proverbe d'Octave Feuillet.

— Chez le banquier W..., dernière soirée ; on
y essayera, sur une table à thé, une machine à
vapeur qui doit *dégoter* tout ce qu'il y a de
connu sur les chemins de fer.

— Chez le major autrichien Zinezer-
mann..., encore irrévocablement dernière soirée de l'hiver... ; on y
imitera Thérésa.

Ainsi partout, fêtes de jour et
fêtes de nuit. L'hippodrome de
Longchamp avait repris une vogue
nouvelle ; on attendait le Grand

1867

Prix avec anxiété ; *Gladiator* et *Fille de l'air* donnaient
pour ainsi dire un nouvel essor aux modes ; puis le Grand
Prix de Paris marquait l'heure extrême des réceptions et
annonçait les plaisirs de la villégiature ; — on faisait
la statistique des courses, calculant le gain du comte de
Lagrange, de M. Delamarre, du baron Finot, de Charles
Laffite ou de M. Achille Fould. Le Grand Prix de Paris
remplaçait l'ancienne promenade de Longchamp ; on y
voyait défiler toutes les excentricités du costume, se produire les toilettes nouvelles, les voitures du dernier genre,
les beautés du monde et les élégantes du demi-monde : actrices de salon et actrices de théâtre, toute la haute comédie humaine s'y jouait, comme une pantalonnade, avec

un grand luxe de représentation. Ce n'était que femmes et que fleurs, grâces et sourires. — Le soir de ce grand jour solennel, Mabille était littéralement assiégé.

« Les dames de l'Empire, écrit Arsène Houssaye dans ses curieuses et amusantes *Confessions*[1], évidemment très optimistes et colorées des souvenirs de jeunesse, furent une pléiade éblouissante, toutes douces de beauté, de charme et d'esprit, — plus ou moins. — Qui en doutera quand je dirai les noms de la duchesse de Mouchy, la comtesse de Saulcy, la baronne de Vatry, la comtesse Walewska, la duchesse de Persigny, la comtesse de Moltke, Mme Bartholoni, la comtesse de Pourtalès, la princesse Poniatowska, la marquise de Galiffet, la comtesse de Sancy-Parabère, la duchesse de Morny, la vicomtesse Aguado, Mme de Lima, la baronne de Beyens, Mme Péreire, la baronne Alphonse de Rothschild, Mme Magnan, Mlle Bechwith, la marquise de Canisy, Mme Moulton, la comtesse de Mercy-Argenteau, la marquise de Chasseloup-Laubat, Mme Pilié, la comtesse de Castiglione, Mme de Montaut, la maréchale Canrobert, la duchesse de Malakoff, la générale Callier, Mme Carter, Mme Jankowska, la comtesse de Brigode et Mme Carette, pour bien finir? — Que d'autres on pourrait nommer qui n'é-taient pas belles selon l'évangile de l'église du beau, mais qui étaient belles à force d'esprit, comme la princesse de Metternich !

« Avec de telles femmes, les fêtes de la Cour et les fêtes mondaines étaient magiques. On ne s'étonnait pas d'entendre dire : « L'Empire s'amuse. » Pourquoi pas ? — On ne

1867

1. *Les Confessions*, souvenirs d'un demi-siècle (1830-1880), par Arsène Houssaye, t. IV.

se contentait pas des bals des Tuileries où tout le monde officiel avait droit d'entrée; on imaginait chez l'Impératrice, chez les Dames d'honneur, chez quelques ministres, des plaisirs nouveaux, mais surtout les bals costumés avec le loup pour les femmes. Moi-même, à cette époque, dit M. Houssaye, n'ai-je pas donné dans ces folies plus ou moins innocentes par mes Redoutes vénitiennes! — On a brûlé les Tuileries, on danse encore à l'Élysée, mais le cotillon est mort. Où sont-ils, d'Aigues-vives, Castelbajac, Jaucourt? De Caux lui-même, qui pirouette encore sur son talon rouge, n'entrerait plus dans un cotillon, même si la fauvette Adélina chantait à l'orchestre. Oui, on cotillonne encore, mais qui donc conduit le cotillon? C'est que l'escadron volant ne vole plus, la comtesse Walewska pleure sa fille; la princesse de Metternich, cette Parisienne, est redevenue Viennoise. On voit encore passer, dans leurs beautés mûries, la comtesse de Pourtalès et ses amies; mais combien de figures dans les demi-teintes qui ont rayonné sous le soleil de la Cour!

1868

— Le général Fleury ne se contentait pas d'avoir la meilleure table de l'Empire, il inaugura des fêtes fabuleuses qui rappelaient l'ancienne cour de France sous Mme de Montespan, sous Mme de Pompadour, sous Marie-Antoinette. Il mit en scène, à l'hôtel d'Albe, les quatre éléments : ce n'était pas trop pour recevoir l'Impératrice et son Décaméron. Ce fut un enchantement. Le général n'avait pas permis qu'une femme mal dessinée et mal étoffée par la nature défigurât ses bals légendaires. On avait fait comprendre aux petites bourgeoises de la Cour que ce n'était pas leur jour de se décolleter, si bien que toutes les élues formaient une compagnie, je ne dirai pas

LES BEAUX JOURS DU CAFÉ DE LA ROTONDE
Au Palais-Royal (1868).

LE CHAMPIGNON DES COURSES A LONGCHAMPS
(1868).

invincible, mais irrésistible. C'était charmant de voir
batailler au cotillon, le feu et l'eau, le ciel et la terre,
comme deux siècles plus tôt au palais de Versailles. On
s'amusait tant alors que l'Empereur lui-même, qui plus
d'une fois a joué le rôle de l'ennui dans les fêtes des
Tuileries, dansait gaiement avec la princesse Mathilde,
quand le prince de Metternich ou le prince de Croy dansaient avec l'Impératrice. On avait supprimé les volcans.

« Et toute cette jeunesse expansive, parce qu'elle
éclatait en verve et en esprit et en passion, où est-elle
éparpillée ? se demande Arsène Houssaye. — Aux quatre
coins du monde et des mondes. — Saint-Maurice, Finot, La
Redorte ? Le prince d'Orange, Caderousse, Rivoli, Hecke-
ren, Massa, Ezpenletta, sans oublier les figures plus ou
moins méditatives, mais toujours ouvertes : Morny, La
Valette, Persigny, Girardin, Laferrière, Nigra, Mérimée,
Fleury, Edgar Ney, Corregliano, Pisani ? — Pourquoi ne
pas citer Troplong, qui aimait les plaisirs des autres et
qui aurait pu écrire le code de la société polie ? C'était fête
partout : chez la duchesse de Morny, chez la duchesse de
Bassano, chez la comtesse Walewska, chez Mme de la Page-
rie, chez la duchesse d'Albe, chez les ministres, chez les
sénateurs. Que d'argent jeté à propos par la fenêtre ! Aussi
la Seine se pactolisait; on était riche jusque dans les faubourgs, parce que toutes les fées du travail étaient à
l'œuvre... Aujourd'hui, on ne jette rien par les fenêtres et
Paris se nourrit de principes : la démocratie fait danser,
mais ne danse pas. »

Nous venons de faire bon accueil au vaporeux Arsène
Houssaye, car il fut de ceux qui virent l'Empire de la
bonne place, aux premiers rangs, dans l'ivresse des succès
mondains et dans la force de l'âge ; il fut de tous les
cénacles, de tous les raouts, de toutes les fêtes intimes ou
générales ; nul homme de lettres mieux que lui ne pouvait

24

faire revivre ses brillants souvenirs d'hier sur cette grande
kermesse impériale dont les lendemains furent si sombres
que nous en portons tous comme un spleen en l'âme et une
blessure au cœur. — Il sonna dans ses *Confessions* la *caril-
lonnée* des plaisirs d'une époque où nous étions encore,
tout gamin, sur les bancs du collège, et nos souvenances,
à nous, né plus   d'une année après le coup d'État,
seraient trop   naïves, trop fragiles, trop auro-
rales, au vrai   sens du mot, pour avoir quelque

1868

poids, si nous avions la moindre velléité de les appeler ici
à notre aide.
  Nous avons conservé cependant dans cette chambre
noire des réminiscences comme un vague aperçu des tableaux
de ce Paris impérial, sur la fin du règne, alors que la Cour,
entraînant la ville qui aspirait à faire partie de la Cour, aidait
à la confusion de toutes ces magnificences criardes ; nous
revoyons ces équipages de gala dorés, blasonnés, chargés
de laquais poudrés, ces retours du Bois étincelants de
richesses, de costumes et de beautés féminines, alors que
l'Empereur regagnait les Tuileries dans le poudroiement
d'un soleil couchant. — Émile Zola, dans la *Curée*, — un de

ses meilleurs livres, et peut-être le moins connu ou le moins
apprécié, — a laissé une page magistrale sur ces splendeurs
des Champs-Élysées après une journée aux courses de Longchamp. — Nous le revoyons en pleine vie, ce Paris des
lorettes, des filles, des partageuses, des rastaquouères, à
cette époque de son extravagance, et ses émerveillements,
— en 1869, — à cette heure où le boulevard n'était plus
que le passage des Princes et où flamboyait partout l'enseigne pantagruélique que Rabelais mit au front de son
immortel et colossal monument : VIVEZ JOYEUX.

Ce boulevard encombré de promeneurs et de promeneuses,
nous le revoyons en pensée comme ce kaléidoscope dont
parle Delvau, où les objets et les personnages, diversement,
mais toujours pittoresquement colorés, changeaient à chaque
pas et à chaque instant, et où toute la société parisienne
convoitait les luxes d'apparence, à tous ses degrés, depuis
la duchesse jusqu'à la cocotte ; depuis l'artiste jusqu'au
cocodès ; depuis l'homme de lettres jusqu'au boursier ; depuis
le rentier jusqu'au voyou ; depuis le mendiant jusqu'au
bourgeois ; depuis enfin Turcaret jusqu'à M. Prud-
homme. — Tout ce monde-là, en résumé, aspirait
au *chic*, à l'élégance et au galbe, aux bonnes
fortunes et aux délices épicuriennes. Nous le
revoyons sur le soir, ce boulevard de l'Empire,
alors que descendaient des hauteurs de la rue
Bréda, munis de sourires et d'œillades, les divers
bataillons de Cythère : les gigolettes, les
gandines, les biches, les maquillées, les
musardines, les prés Catelanières, toute la
série des lorettes symbolisées par Rops en
de prestigieuses eaux-fortes, avec leur chignon ébouriffé, leur toquet sur l'oreille,
la jupe courte dentelée par le bas, le corsage ouvert en cœur et portant autour de

1869

leurs tailles de longues ceintures flottantes qui étaient
comme les étendards de leur galanterie. — Attablées,
dès l'heure de l'absinthe, sur le devant des cafés, provocantes, le visage plâtré, la lèvre rougie, humant la
cigarette, elles montraient, le genou levé sur un petit banc,
leur bottine à talon haut, à gland d'argent, montant à mi-
jambe et emprisonnant un mollet à bas rouge. — Les
étrangers, les barons de Gondremark défilaient sur le trottoir,
l'œil allumé, la bouche humide et rieuse, regardant ce
marché aux plaisirs, en vrais maquignons de la femme, cherchant, nouveaux Pâris, à qui décerner la pomme. Sur le
trottoir défilaient encore les viveurs de Paris, les hommes
de la grande et de la petite presse, vêtus à la diable, la cravate
flottante, qui affectaient de se sentir chez eux; puis, dans
l'assourdissement des cris, parmi le bruit des voitures et
des camelots, passait l'éternel gavroche en blouse, les mains
dans les poches, le regard fureteur, criant les sottises de la
rue, l'inepte *Hé! Lambert!* ou quelque chanson boulevar-
dière, comme *le Pied qui remue*, récemment mise en vogue.

Les nuits de bal à l'ancien Opéra, toute la physionomie
particulière du boulevard des Italiens nous revient en mémoire; c'était une véritable cohue de clodoches, de nour-
rices, de bébés, de débardeurs, de chicards, poussant des
cris inarticulés, des hoquets convulsifs, s'interpellant, avec
le bagou populaire, dans un tohu-bohu indescriptible, tandis que de toutes parts des *pratiques* de polichinelles cou-
paient l'air d'un bruit strident et railleur. Les cafés flambaient;
il y avait réellement un délire dans cette descente de Courtille
galante et populacière. Bref, du haut en bas de l'échelle,
l'Empire s'amusait.

Dans les restaurants de nuit, tout brillants de lumières,
la fête continuait; c'était à chaque étage un bruit joyeux;
les pianos rendaient des sons poussifs qui se mêlaient aux
rires, aux piétinements des danses, aux chocs des assiettes

LA COUR AU PALAIS DE COMPIÈGNE

Madame de M*** regardant un départ pour la chasse (1869).

LE SQUARE DU PALAIS DES TUILERIES
(1870).

empilées, aux chansons reprises en chœur, aux interpella-
tions sans nombre. A l'aube, les tavernes vomissaient des
noceurs et des filles à visages défaits, tandis que le Paris
matinal montrait, dans la solitude grise, sale et désolée du
boulevard, les balayeurs à l'ouvrage ou les chiffonniers,
types disparus, lacérant les affiches des spectacles de la
veille; symbolistes à leur manière, ces chevaliers du
crochet!

La Parisienne du second Empire prendra, nous en sommes
assuré, dans l'histoire de ce siècle, un type peu attrayant,
mais très accusé et bien à part. — Malgré le peu de recul
que nous donnent encore les années, nous pouvons déjà
juger du relief que prend chaque jour davantage tout ce qui
touche à la deuxième période impériale. — Les *Mémoires*
posthumes publiés, il y a quelques années, d'après les manuscrits d'Horace de Viel-Castel, ce sceptique calomnio-
graphe, ganache, radoteur et déplorable chroniqueur,
offrent déjà dans leur ensemble un intérêt de lecture, semblable, sauf l'esprit et la biendisance, aux anecdotes de
Tallemant des Réaux; de tous côtés, on réunit des documents
curieux sur les hommes et les femmes du second Empire, et
il ne faudra pas, croyons-nous, attendre aux premiers jours
du xxᵉ siècle pour qu'on puisse définitivement juger d'ensemble ce règne de vingt années et connaître au juste si le
philosophe moraliste avait raison qui écrivit cet aphorisme :
« Le degré d'abaissement d'une nation se mesure exactement au degré d'effronterie qu'une femme peut publiquement y atteindre sans scandale. »
A nos yeux, toutefois, et sans vouloir attendre le jugement de la postérité, l'ère impériale, de 1851 à 1870,
demeure condamnée à la juste exécration de tous les artistes,

en raison de la médiocrité du goût étalé en tous lieux et
de toutes manières, sous ce règne qui décidément manquait
d'esprit, de tact et de tout sentiment décoratif. Les écrivains, peintres, sculpteurs, musiciens qui se sont produits
durant les quatre lustres de ce règne, sont arrivés au succès
en dehors du gouvernement et sans une réelle impulsion
de sa part; l'Empire n'eut pas, dans la véritable acception
du mot, le sentiment profond des arts ni des lettres.

Il ne nous semble donc pas que le second Empire, malgré son éclat de prospérité et le renom des travaux qu'il a
fait exécuter, laisse une empreinte bien originale, principalement dans les styles d'ornement ou dans l'art en général.

Pour ce qui est de la femme, elle afficha, de 1851 à 1870
environ, un ton, un genre et des modes qu'on ne s'avisera
jamais de faire revivre et qui, pour avoir été copiés et imités
docilement par tous les peuples du monde à la même époque, ne donnent pas une crâne idée de l'esprit humain ni
de l'action réelle du bon goût de la femme dans les révolutions du costume.

LA FEMME ET LES MODES

AU DÉBUT DE LA TROISIÈME RÉPUBLIQUE

1870-1880

LES ÉVÉNEMENTS de la guerre franco-allemande jetèrent un tel trouble au milieu de la splendeur, du luxe et l'éclatante folie impériale, que les mœurs faciles et les habitudes acquises par la société de 1860 se trouvèrent transformées presque subitement pour ne laisser place qu'à un recueillement qui allait jusqu'au repentir et qu'à une modestie dans les costumes qui confinait presque à la pauvreté.

Les mêmes mains qui avaient été couvertes de bagues, qui avaient applaudi du haut des loges de l'Opéra à la folie des bals masqués, qui avaient mené le cotillon aux réjouissances des Tuileries, ces mains naguère gantées par Jouvin et parfumées par Guerlain durent dépouiller la lumière des diamants et la clarté irisée des perles, pour travailler, dans

les campements et les hôpitaux, à la préparation des médicaments et de la charpie.

Ce fut un grand changement.

Des ambulances furent établies aux endroits où les spectacles mêmes de la décadence avaient tant de fois ébloui les yeux. La croix de Genève barra de ses deux traits rouges toutes les choses futiles et vaines de la Cour et du régime de l'Empire. Les grandes cornettes blanches des religieuses se posèrent, tels des vols de colombes, sur tous ces fronts ensanglantés que l'aigle napoléonien avait frôlé de son lourd frisson. De futiles et de puériles, les femmes devinrent sublimes. La notion d'héroïsme qui est en toutes se développa subitement pour la consolation et pour l'encouragement de chacun. L'heure des plaisirs étant passée, celle du devoir austère et rude commença pour se poursuivre durant toute l'époque de la guerre étrangère et de la guerre civile. Toute la délicatesse et toute l'imagination que les dames françaises avaient déployées dans le choix des costumes et dans celui des parures se tournèrent vers les soins à donner aux blessés et se dévouèrent à la tâche admirable du sacrifice. Théophile Gautier, Edmond de Goncourt, le premier dans ses *Tableaux du siège*, le second dans son *Journal*, nous ont laissé quelques impressions vivantes de ces scènes. Ce sont là comme des croquis saisis sur le vif, comme des silhouettes subitement photographiées des personnes et des choses. « Le blessé est en faveur, le blessé est un objet demandé », écrit Edmond de Goncourt, le 11 novembre 1870, constatant vers quelle mode plus sombre l'esprit féminin a évolué avec les événements. Ou encore il énumère toutes les sortes de créatures dévouées qui se livrent aux besognes les plus viles et les plus divines de la guerre : « Il y a, dit-il, aux côtés de la femme en marmotte, la femme en robe de soie. On entrevoit des bourgeoises, des ouvrières, des filles, dont l'une est costumée en

SUR LES REMPARTS DE PARIS
Pendant la guerre de 1870.

DEVANT UNE BARRICADE
Le laissez-passer de la Commune (1871).

garde national. Et, au milieu de tous ces visages, se détache
la tête bestiale d'une créature dont la moitié de la figure
est une meurtrissure. Aucune de ces femmes n'a la résigna-
tion apathique des hommes. Sur leurs figures est la colère,
persiste l'ironie. Beaucoup ont l'œil comme fou. Les moins
courageuses avouent seulement leur faiblesse, par un petit
penchement de la tête, de côté, qu'ont les femmes, quand
elles ont longtemps prié à l'église. Une ou deux se cachaient
dans leurs voiles, quand un sous-officier, faisant de la
cruauté, touche un de ces voiles avec sa cravache : « Allons,
bas les voiles, qu'on voie vos visages de coquines ! »

Les dames les moins habituées aux privations et aux besognes manuelles oublient leur confortable pour ne plus songer
qu'aux malheureux qui souffrent sur les grabas des corps
de garde ; jusqu'aux foyers des théâtres sont encombrés
d'actrices et de grandes coquettes.

L'amour se tait un instant devant la pitié, ou plutôt
l'amour devient de la pitié tremblante et douce ; il abandonne le boudoir et les loges théâtrales pour se loger,
frileux et inquiet, entre les trousses des chirur-
giens et les émollientes, presque pharmaceutiques
paroles des aumôniers. Théophile Gautier, visitant
les foyers de la Comédie-Française, écrit : « A
la lingerie située à l'étage inférieur nous trou-
vâmes la belle Delphine Marquet qui roulait
des bandes. L'actrice, attentive et sérieuse, accomplissait dans la solitude son œuvre charitable. »
Les lèvres qui avaient donné des baisers, celles
qui avaient déclamé les paroles merveilleuses des poètes réapprirent les mots
de la prière et de l'exhortation. Les douces
mains se posèrent sur les visages balafrés,
tripotèrent les blessures fraîches des soldats, cicatrisèrent les rouges entailles des

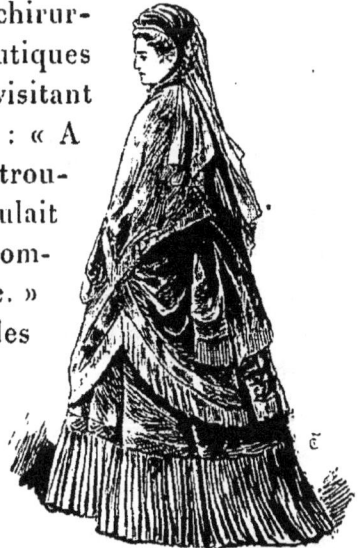

1870

balles prussiennes. Hugo, en strophes de feu et d'or, célébra la vertu et le courage des Françaises. Le poète les compara aux guerrières du passé. Théodore de Banville enguirlanda leurs pas de ses louanges les plus frétillantes et les plus fleuries. Un peu de sainteté et de respect succéda dans l'opinion des hommes à la frivolité des courtisans de Biarritz et des Tuileries. Les femmes propagèrent le recueillement devant la mort et la fierté devant l'insulte et l'amertume de la défaite.

L'année terrible signala comme un arrêt dans les habitudes de l'élégance et de la courtisanerie. L'uniformité des robes, des étoffes retourna vers une simplicité plus modeste encore. Un instant se rétablit une sorte d'égalité entre toutes les femmes des classes différentes. La duchesse, la bourgeoise, la femme vénale, la chanteuse, la religieuse s'unirent avec une solidarité touchante devant le malheur public. Une sorte de demi-teinte flotta à la fois sur les consciences et sur les costumes. On n'osa plus se livrer à autant d'extravagance ni à tant d'exagération dans l'apparat et dans l'ameublement. Le temps n'était plus où Mlle Mars, rien qu'à paraître sur la scène, suffisait à faire adopter une coupe nouvelle de manteau, une coiffure non encore portée dans les cérémonies. Les manches à gigot du temps de Charles X, les costumes inaugurés par Mlle Rachel à l'époque de Louis-Philippe, les fameuses crinolines du troisième Empire disparurent pour laisser place à un « sérieux » plus noble et plus hautain dans les modes en faveur ; la grosse voix des canons avait fait taire celle plus futile et plus légère de la Parisienne. Il en resta longtemps de la terreur au fond des âmes.

On « n'osa » plus autant de luxe. Un voile de crêpe enveloppa aussi bien les plis des robes que ceux du drapeau tricolore. Il y eut moins de « points d'Angleterre » et de

1870

« points d'Alençon » aux manches et aux cols des robes et des
manteaux. Les belles Marguerite Gautier elles-mêmes semblèrent entourer leur vie de moins de retentissement. Il se
glissa de la discrétion dans les intrigues et il tomba du silence
sur les scandales. Les femmes vécurent davantage
de la vie de sentiment et de la vie de bonté. Il
sembla qu'avec l'abandon de la crinoline se fussent
évaporées aussi la nullité de l'esprit, la sécheresse
du cœur, toute la superficialité de la pensée et
des occupations. Tant de têtes folles, qu'avaient
fascinées le charmant sourire de l'Impératrice,
abandonnèrent subitement leur attitude moqueuse et vaine pour s'assombrir d'une moue
réfléchie et un peu triste. Les lieux publics, que la flamme récente allumée par
les pétroleuses et la mitraille avaient
ravagés, s'assombrirent comme sous le
poids d'un immense rideau de deuil.

Les casinos, les concerts, les spectacles ne recommencèrent peu à peu à
ouvrir leurs portes que sous le prétexte de fêtes à bénéfice.

1871

Les préoccupations patriotiques devinrent l'unique prétexte aux réjouissances. L'intérêt apporté aux choses militaires
s'accrut davantage encore. Les gamineries de la Déjazet, le
pas des danses de la Carlotta n'intéressèrent plus que médiocrement. Il fallut introduire un peu de « Marseillaise »
dans tous les refrains. Le murmure républicain et frondeur
des chansons de Béranger recommença à émailler les gau-
drioles et les « scies » de la nouvelle époque. Le gouvernement bourgeois et tyrannique de M. Thiers ne permit point
de ces exhibitions tapageuses d'autrefois.

M. Thiers n'avait point l'éducation des anciens rois. Il
n'avait point été élevé comme Louis-Philippe par une Mme de
Genlis, ni comme Charles X par un précepteur religieux.

Les raisons dominantes de la politique et le machiavélisme compliqué des rapports internationaux s'apesantirent sur la magistrature et sur le Parlement. Une réaction religieuse et politique se manifesta moins par le côté officiel du gouvernement que par une entente tacite des autorités à étouffer le luxe éclatant de l'époque impériale.

Cette stupeur, pourtant, dura peu.

L'esprit français, frondeur et agressif, exubérant et frivole, ne tarda point à dominer à nouveau la vie moderne.

Il y eut tout à coup comme une immense révolte. Mais, cette révolte, loin de se traduire par le carnage atroce de la Commune, se réalisa au contraire de la façon la plus pacifique et la plus mondaine qui soit. Aux jours sanglants succédèrent les jours de réjouissance et de travail. L'activité économique s'accrut avec l'activité des fêtes. Une ère de civilisation admirable succéda à l'instant d'effroi et d'épouvante de 1870. Semblable à cette Byzance fabuleuse du moyen âge où, après chaque révolution et chaque tumulte, recommençait d'une façon plus frénétique et plus pétulante encore la fabuleuse coutume des réjouissances triomphales, Paris, lui aussi, se réveilla subitement de sa torpeur. — Le carnaval de 1872 se signala par son entrain et par sa splendeur. Le caractère national ne pouvait s'amoindrir dans le désespoir et dans la douleur. L'idée du travail industriel et artistique reprit cours.

De 1872 à 1878, un seul délai de six années suffit à préparer l'imposante Exposition Universelle. Ainsi s'affirma une fois de plus la force laborieuse de notre race.

La Française ne fut pas pour peu dans ce mouvement de résurrection nationale. En dehors de toute question politique, il lui suffit de son seul sourire et de sa

1871

AUTOUR D'UN BUREAU D'OMNIBUS
Palais-Royal (1875).

LE SKATING-RING DU BAL BULLIER
(1876).

seule confiance pour rendre à toute une nation l'espoir de l'avenir. Elle redevint la reine triomphante. Sa fine silhouette, sur ce fond ensanglanté et enflammé de la guerre, prit une apparence moins grave et moins abattue.

Peu à peu elle se reprit à s'intéresser aux choses usuelles de l'élégance. Un ruban, un manchon, une ombrelle suffirent à l'intéresser. Semblable à une convalescente qui s'éveille d'une fièvre douloureuse et longue pour recommencer au bon soleil d'avril ses promenades progressives, ainsi la Parisienne se réapprit lentement à sourire, à aimer, à se parer. Elle comprit que nul oubli n'effacerait mieux le mauvais souvenir que le tintement des grelots de la Folie.

Nulle époque ne fut plus favorable au commerce et à l'industrie. Ainsi en est-il après chaque perturbation politique.

Chacune des trois républiques qui s'imposèrent en France se signalèrent ainsi par une recrudescence fébrile dans le labeur comme dans la parade.

1873

Après avoir été l'héroïne douce et résignée de la guerre, la Française devint la sœur berceuse et bonne de la consolation et de l'action féconde.

Thème éternel des œuvres de tous les arts, elle présida à la résurrection industrielle et artistique du pays. Pour elle, les costumiers se reprirent à travailler, les maçons à construire, les poètes à chanter. Elle fut la douce aube rafraîchissante et claire de la pacification, comme elle avait été le brillant rayon de soleil à travers l'orage épouvantable de la défaite.

Victor Hugo avait raison une fois encore. La femme est l'éternelle ressource. Toutes avaient à cœur, semblait-il, de racheter la fausse splendeur de l'Impératrice. Pour cette femme qui, dès le début de la campagne franco-allemande,

avait voulu « sa guerre », toutes les autres s'inclinaient à
présent sous le poids de cette responsabilité immense, et
pour racheter cette parole inconséquente d'une seule, des
milliers, semblait-il, se dévouaient autant par l'encouragement qu'elles présentaient aux hommes que par la part
qu'elles prenaient aux diverses manifestations intellectuelles et pacifiques.

George Sand, toujours féconde et pleine de vie,
donna un exemple admirable de cette force mul-
tiple de l'idée féminine. De son ermitage du
Croisset, Gustave Flaubert continuait à s'entretenir avec elle des choses les plus naturelles,
les plus élevées de l'esprit. En même temps,
il prévoyait l'atroce régime des armées : « Tout
le monde va être soldat ! La Russie en a
maintenant quatre millions. Toute l'Europe
portera l'uniforme; si nous prenons notre
revanche, elle sera ultra-féroce ; et notez
qu'on ne va penser qu'à cela, à se venger
de l'Allemagne ! Le gouvernement, quel qu'il
soit, ne pourra se maintenir qu'en spéculant
sur cette passion. Le meurtre en grand but de tous nos
efforts, idéal de la France. »

1873

Prophétie hélas ! qui s'est trop réalisée !

La société française de la nouvelle République devint on
ne peut plus chauvine. Ce mot de *revanche* trembla également
sur les lèvres des femmes. Beaucoup y trouvèrent comme
l'attrait d'une sensualité. Les couleurs nationales dominèrent
à côté des couleurs de deuil de l'Alsace et de la Lorraine.
Elles finirent par absorder l'iris impressionnable de la Parisienne. Aux réjouissances du 14 juillet, beaucoup parurent
délicieuses dans un appareil cher jadis aux femmes de
l'an II. — Les écrivains, les peintres n'eurent plus de
succès auprès du public qu'en faisant vibrer cette corde

sensible du patriotisme. L'admirable Desborde-Valmore, qui était morte bien trop tôt, hélas! dans le siècle, en fut presque oubliée! Les imprécations de Mme Ackermann trouvèrent aussi peu d'échos. Toute œuvre qui s'éloigna de l'idée militaire fut dépourvue d'intérêt. On ne s'intéressa tant à Henri Regnault que parce qu'il était mort sur un champ de bataille. Erckmann et Chatrian semblèrent des auteurs transcendants. Les lorettes de Gavarni, embourgeoisées et sérieuses, présentèrent moins d'audace et d'effronterie. Les dernières dames célèbres du troisième Empire, vieillies et fatiguées, s'ensevelirent dans le silence. Cora Pearl vit diminuer sa gloire.

Seules, celles que le talent sauva de l'effroyable débâcle connurent les applaudissements. Et il y eut de belles soirées encore pour Céline Montaland, pour Augustine et pour Madeleine Brohan. Musset redevint à la mode. Son *Rhin allemand* intéressa à ses autres œuvres. Par lui on réapprit l'Amour.

Le petit dieu Eros, un instant blotti dans le silence et l'effroi des grands palais brûlés, sortit peu à peu de sa cachette. D'abord, on ne vit que ses cheveux blonds, sa chair gracieuse et jeune. Puis ce fut la corde de l'arc. Enfin la flèche de sa malice à nouveau visa le cœur des femmes. Après la déclamatoire voix des tribuns, la grêle chanson de cet adolescent eut son écho dans les cœurs. Ce fut un réveil où les sens se ressaisirent.

La Parisienne redevint la reine du monde. Il lui suffit d'adopter une mode pour que toutes les étrangères l'acceptassent. De Paris, la Française continua à dicter des lois à l'Anglaise, à la Russe et à l'Américaine. Et cette mode, subitement, se trouva éminemment nationale et élégante. Nos armées

1874

n'importèrent plus d'Italie ou de Crimée les falbalas excentriques des nations lointaines. Le caprice, la fantaisie
inspirèrent plus que tout les couturières et les modistes. S'il
y eut des erreurs de goût, il y eut aussi d'exquises trou-
vailles. Sous la seconde République, l'ombrelle, les mantelets, les chapeaux à larges bords avaient été adoptés. Les
femmes de l'époque nouvelle acceptèrent ce legs du passé.
Peu à peu les collerettes à goût italien de l'époque Henri II,
qu'on avait acclimatées avec le romantisme, les
bonnets en blonde de Chantilly que la reine
Amélie avait imposés, les vertugadins, les coiffures à la Fontange que les dames de la noblesse
avaient continué à arborer dans les bals de l'aristocratie, les coiffures à la Catogan et à la Marie
Stuart laissèrent place à un goût plus simple,
à une uniformité plus calme dans la manière
des plis. Il n'y eut plus un disparate des
costumes aussi marqué dans les promenades
et dans les spectacles.

1875

Quoi de plus simple que cette jeune femme
à l'ombrelle peinte par Édouard Manet ?
La crinoline disparut devant une sobriété de lignes presque
japonaise. Inconsciemment, l'impressionnisme se glissa dans
la façon de se vêtir aussi bien que dans celle d'écrire ou que
dans celle de peindre. Il s'introduisit dans la mode une sorte
de notation fugitive semblable à celle employée par les maîtres
du pinceau ou de la plume.

Les larges traits, les coupes droites et tombantes des jupes,
disgracieuses au premier aspect, enveloppèrent les formes
d'une façon plus naturelle et plus sobre. L'idée de Gœthe :
« que les draperies doivent sembler l'écho multiplié des
formes du corps » fut remise en honneur, et Mme de
Girardin eut raison qui écrivit : « Il n'y a qu'un moyen de
porter une belle robe, c'est d'oublier qu'on la porte. » Une

LA PLACE DE LA CONCORDE
(1877).

EN BATEAU MOUCHE, SUR LA SEINE
(1878).

négligence apparente telle qu'on la retrouve chez les portraitistes anglais devint le chic, le genre adopté généralement.

Et cela fut très en harmonie avec l'âme récente de la Française, avec son type simplifié. De Goncourt écrit : « C'est joli une Parisienne marchant dans la rue et que l'on voit, absente de la foule qui la heurte, sourire à sa pensée. » Un seul trait, deux ou trois lignes et l'observateur a frappé juste. Les costumes du temps rendent la Parisienne gracieuse sans retenir trop longuement l'attention. Les velours et les satins noirs de-la saison d'hiver, les robes d'alpaga, de mohair de la saison d'été l'enveloppent à ravir. Le chapeau Marie Stuart, en crêpe de Chine et en faille, entouré de perles de jais et surmonté d'une touffe de plumes noires d'où s'échappe une longue plume seule; le chapeau Michel-Ange aux bordures de feutre; le chapeau Léopold Robert coiffent admirablement les belles chevelures. D'autres innovations, dictées par le caprice d'une heure, ajoutent un charme encore à la toilette. D'abord ce fut l'adoption des gants. Les gants acquirent une importance énorme. Jamais on n'eut autant de souci de « l'habillage » des mains. Cela devint un art, une passion. On en porta qui montaient jusqu'aux coudes. Presque tous se fermaient par de nombreux boutons. Cela ajouta à l'élégance. La plupart des mondaines accordèrent une importance énorme aux pointures, au choix des peaux fines. Il y eut des ganteries spéciales où les articles se vendirent excessivement cher.

Puis ce furent les manchons; enfin les éventails. D'abord

1876

26

ces derniers furent d'un rayon immense et embarrassant. Ce ne fut que peu à peu qu'ils s'adaptèrent au besoin de la mode et que leur dimension diminua.

Les succès de théâtre suffirent à faire baptiser de nouveaux vêtements. Dès les premières de *Rabagas*, les grands magasins mirent en vente des chapeaux de même nom.

Les arts pénétrèrent la mode, et, comme il arrive toujours en pareil cas, la mode ne fit qu'y gagner en fantaisie, en originalité et en finesse.

C'est ainsi que vers 1873, les costumes de femmes devinrent plus compliqués et que l'on commença à se lasser de l'austérité d'après la guerre. Les premières robes apparurent excentriques. Une débauche de couleurs, de richesse dans les pierreries, accrut encore ce luxe dans la parure.

Il fallut que survînt l'incendie de la salle de l'Opéra, allumé le mardi soir 28 octobre, pour que se marquât un arrêt momentané dans l'accroissement coûteux des achats d'étoffes et des bijoux. L'ardente flamme des brasiers une fois de plus vint menacer d'anéantir la vanité et l'orgueil des parures merveilleuses, et des joyaux étincelants.

1876

La mort, cette mort si atroce des êtres au milieu même des palais et des cités où éclatent encore les derniers refrains de la fête ne fit point son apparition ainsi qu'aux soirs terribles de la guerre et de la Commune, mais le défi du feu suffit pour un instant encore épouvanter la foule.

C'est un fait coutumier dans la destinée de cette Byzance contemporaine qu'est Paris. Tout à coup ce sont des pompes admirables et glorieuses, des arcs fleuris, des femmes adorables portées en triomphe, sur les scènes, des pas de danses, des hymnes où vibre l'exultante joie de l'Évohé et l'ivresse furieuse des passions déchaînées. Puis d'une allumette mal

éteinte, d'une imprudence d'enfant, une langue rouge et vengeresse jaillit dont la brûlure consume les palais, les édifices, les femmes charmantes, les joyaux rares. De temps
en temps Paris est ainsi la proie des flammes. Il semblerait
qu'un ange morose et cruel, blotti sous le péristyle de
quelque édifice, attende l'éclatante exaltation des joies.
Puis, quand ce délire est arrivé à son apogée d'insolence et
de gloire, il frappe jusqu'à la mort tous les acteurs de la comédie brillante.

L'incendie de l'Opéra, celui de l'Opéra-Comique, celui du
Bazar de la Charité marquent les dates de son apparition
odieuse et magnifique.

Combien furent noircies de pages sur ces catastrophes,
combien de discours à la tribune et de sermons à l'oratoire !

Les exquises Parisiennes, avec une inconstance charmante,
ne prirent jamais grand garde à ces avertissements attri-
bués à une Providence divine et vengeresse.

Leur folie des parures coûteuses s'exalta encore davantage.

Aux ventes à bénéfices, aux réjouissances philanthropiques, Mme Thiers, Mlle Dosne, Mme de Mac-Mahon, les
princesses Troubetskoï et de Beauvau se montrèrent dans
des toilettes sobres mais riches. Ce fut une avalanche
de blondes, de dentelles, de jais et de tulle, de diadèmes
et de rivières de la folie. On ne se soucia pas
davantage de la catastrophe de l'antique boîte à
musique de la rue Le Peletier. Avec leur insouciance, les femmes ne pensèrent qu'à l'inau-
guration du nouvel Opéra, si bien fait pour le
triomphe des Grâces.

Dès le premier bal célébré au bénéfice
des ouvriers de Lyon, on redoubla de
magnificence. Challemel, qui est un peu le
Saint-Simon de cette cour nouvelle de l'aristocratie des diamants, nous signale toutes les

1877

transformations du costume en ces années d'heureuse convalescence nationale.

Dès que le nouvel Opéra, édifié par Garnier, eût été achevé, l'essaim frivole des joyeuses abeilles y bourdonna. Mme Musart y fit sensation avec une robe tilleul brodée de bouquets de roses. Le blanc aussi donna avec Mmes de Mouchy,

1878

Aymery de la Rochefou-
Pène, de Beauport, Al-
child. Celle-ci surtout
merveilleux tablier de
toutes les nuances iri-
parente.
devinrent peu à peu
de la toilette d'été.
tes se plurent à en
des plus capricieu-
pinceau. Tout un
fut créé pour en agré-
chet et la distinction.
tôt l'emprunt de la
l'éventail, lui, se rap-
de la frivolité de la

cauld, de Béhaigne, de
phonse et J. de Roths-
se fit remarquer par un
perles, étincelant de
sées de la nacre trans-
L'ombrelle, l'éventail
des objets essentiels
Les meilleurs artis-
ornementer l'étoffe
ses fantaisies de leur
art charmant et frêle
menter encore le ca-
L'ombrelle subit plu-
futilité japonaise ;
procha au contraire
Régence. Yeddo et

Trianon se retracèrent sur les étoffes peintes par les artistes les plus exquis de l'époque. Constantin Guÿs n'était plus là pour saisir et envelopper des formes gracieuses de son dessin les charmantes reines de la mode nouvelle. Mais il y avait de Nittis, Madeleine Lemaire, Toulmouche, Stevens, aussi observateurs et aussi talentueux. Les chroniques de la *Vie parisienne* et de la *Gazette des modes* abondent sur les détails de la vie élégante du temps. Dans son travail intitulé des *Considérations sur le vêtement des femmes*, le savant académicien Charles Blanc élevait la coquetterie à la hauteur d'un art véritable. Le nouveau Winckelmann accordait à l'élégance féminine une place

LE CHARMEUR D'OISEAUX

Le Nouveau Jardin des Tuileries (1880).

44

L'ENTRÉE DU JARDIN DE PARIS
(1883).

prépondérante parmi les productions du métier ou du pinceau, de la navette, de l'aiguille, ou de la teinture. Avec un tact plein de vérité, il comprenait quelle source de travail et de richesse devenait cette exubérance d'apparat et de clinquant. Que de mains occupées pour la confection de tant de jolies choses, que d'êtres qui allaient vivre pour préparer dans les manufactures les vêtements des reines du plaisir et de la mondanité. — Ah ! les durs forgerons qui cisèlent sur leur enclume la fine ceinture de la Déesse ! Ah ! les rudes ouvriers qui ne craignent point d'affronter la chaleur des fours pour fondre la pâte transparente de son miroir, combien il vont mériter de louanges pour leurs chefs-d'œuvre, et aussi que de salaires ils vont recevoir pour leur besogne, et que de bouches enfantines ils vont pouvoir nourrir de ce pain gagné à force de labeur ! — Vulcain recommence à épouvanter les cités de la sonore chanson de son marteau. Mais c'est pour Vénus qu'il travaille, et c'est avec joie qu'il continue à œuvrer, songeant dans sa fatigue et dans sa peine au charmant sourire de l'Enchanteresse.

Les arts textiles sont remis en honneur et développés encore. Tout ce qui concourt à affirmer et à agrémenter l'élégance des femmes reçoit un développement nouveau. La tapisserie, la joaillerie, la teinturerie, la passementerie occupent vers ce temps un nombre d'ouvriers considérable. Les centres célèbres de l'industrie acquièrent une importance prépondérante.

Les soieries de Lyon, les rubans de Saint-Étienne, les mousselines de Tarare, les étoffes de Roubaix, de Rouen, de Paris sont de plus en plus recherchés.

La lingerie surtout devint une des préoccupations dominantes de l'esprit féminin. Le juponnage, les dessous, les volants, tout cet étalage de

1878

dentelles et de broderies absorba énormément le fragile et
enfantin cerveau des belles personnes.

Puis, ce furent la cordonnerie, la chapellerie.

Vers 1874, les souliers dit « Charles IX » furent les plus
généralement portés.

De même, les chapeaux « pages » pour les jeunes
filles, les « toques Margot » pour les jeunes femmes.
Les toilettes de bals conservèrent encore quelque
fantaisie Watteau et le « Louis XV » ne fut pas
abandonné. Au bal qui fut donné au tribunal de
commerce de Paris en l'honneur du maréchal de
Mac-Mahon, des milliers de toilettes féeriques
étincelèrent comme dans un fabuleux Éden. De
nouvelles étoffes s'y étalèrent, les tissus beiges,
les tussors, les alpagas, les foulards écrus,
y apparurent sous la merveille des lustres.

Peu après, aux fêtes estivales, de nouvelles coiffures furent inaugurées. Cette
mode si souvent renouvelée des chapeaux de forme différente se poursuivit

1878

alors jusque vers 1880. Tour à tour
ce furent les chapeaux Trianon, Élisabeth, Charlotte Corday,
Matelot, Bergère, Bandoulier, Fra Diavolo. Dès que le blanc
domina, ce furent les chapeaux « Estelle ». Puis le chapeau
Flore, le chapeau Chevalier, Trianon lorsqu'il fut confec-
tionné à la paille de riz , enfin le chapeau en paille marron
qu'entoura le splendide ruban François Ier. — Plus tard encore,
quand on en revint aux dénominations plus littéraires, ce fut
le chapeau de forme « Ophélie », la toque « arménienne », le
Danicheff. Pour les enfants on adopta, vers l'hiver suivant,
les capotes « baby », et, pour les grandes personnes, la coiffure « Récamier ». Au moment de l'Exposition universelle,
la variété des noms fut encore plus nombreuse et les cha-
peliers à la mode exposèrent, tour à tour, l'Amazone et le

Devonshire, la Duchesse d'Angoulème et l'Olivia, la Princesse dé Galles, la Croisette et le Midshipman.

Les toilettes, elles aussi, se modifièrent selon qu'elles
furent destinées aux casinos, aux dîners et aux bals. Des
changements s'introduisirent avec les années. Ce fut le
temps des costumes en taffetas d'Italie bleu clair, celui des
corsages décolletés en carrés. Les toilettes de ville ou de
promenade changèrent avec les saisons. Les jupons de velours violet avec un grand volant plissé à triples plis, à tête
doublée de faille mauve, furent portés communément. Il en
fut de même pour les lainages, pour les draps de fantaisie
chinés, les plastrons, les berthes, les casaques, les tabliers
de cachemire écossais, les peignoirs d'intérieur, les mousselines claires, les sauts de lit de fin nansouk.

La mode des chaussures étroites, des corsets serrés fut
introduite ; aussi celle des cravates La Vallière et Malesherbes.
Des tissus exotiques furent importés et reçus avec enthousiasme. Les corps féminins aimèrent à se draper dans les
percales fleuries, dans les lainages orientaux aux ramages
multicolores si intenses.

Sous les colonnades dorées du Trocadéro et les
dômes étincelants du Champ de Mars, la foule
bariolée des peuples afflua dès le début de
l'Exposition. Ce fut un spectacle inouï de richesse et de pompe fastueuse. Des extrémités
du monde les nations les plus diverses envoyèrent leurs produits les plus chers et les plus
précieux vers la capitale. La Parisienne charmée
et rieuse accepta cet hommage que lui envoyait
la terre. Elle ne dédaigna pas l'offrande de
tant de trésors. Sa vanité fut flattée du
tribut de tant de merveilles. Comme les
flots d'une mer vermeille qui viendraient
déferler aux pieds d'argent d'une Astarté

1878

immense et fatidique, les vagues de pierreries, de fruits
savoureux, d'étoffes lumineuses, de vins troublants, de
métaux rares, vinrent mourir sur les bords de la Seine,
en effleurant légèrement ses petits pieds d'un souffle d'ado-
ration et d'hommage.

En même temps, la tournure passionnelle accordée aux
romans et aux œuvres intellectuelles acheva de griser les
jeunes femmes. A cette époque, la psychologie du cœur commença fortement à se compliquer. S'il est vrai qu'on se
passionna pour Octave Feuillet, on fut surpris aussi par les
œuvres osées d'Alexandre Dumas, par les premiers livres de
Gustave Flaubert et d'Edmond de Goncourt. Les mœurs déplorables de la dernière moitié de l'Empire s'étaient heurtées
à la digue insurmontable des ruines de la guerre. Un instant
d'austérité avait succédé à tant de folies. Mais le recueillement obligé des années de deuil fut troublé bien vite par
les éclats de rire étincelants d'Eros. Le petit dieu malin
peu à peu reprit possession des cœurs, et comme un arc-
en-ciel de larmes et de soleil, le ruban tissé des fleurs et des
baisers des amants dont il se plaît à étonner le ciel
recommença à flotter sur la grande ville, prêt à
emprisonner dans ses lacs bien des âmes fugitives.
Pourtant le scepticisme et l'insouciance ne parurent
point aussi empreints dans les êtres que par le passé.
Il semblait que la Française ait gardé au fond de
soi un peu de la crainte du passé et de l'effroi de
l'avenir. Elle ne se livre pas aussi éperdument
aux plaisirs. Les jeunes femmes de vingt-deux et
de vingt-cinq ans de l'année 1878 avaient eu
quinze et dix-huit ans à l'époque de la mort
de leurs frères aimés et de leurs fiancés.
Plusieurs avaient dû se cloîtrer et coiffer la
cornette du martyre. La haute aristocratie
française portait au cœur inconsciemment la

1879

A LA SORTIE DE L'INSTITUT

Le pont des Arts en 1884.

LA TERRASSE DU LUXEMBOURG
(1885).

tristesse de la veille. De même dans la classe bourgeoise, où l'on se montra plus exigeant sur la frivolité habituelle des passions. « Sous l'Empire, les honnêtes femmes se tenant à l'écart, les gens de cour étaient bien convaincus qu'il n'y en avait plus », dit le Dr Thulié avec justesse. Les honnêtes femmes existaient pourtant encore. Elles préparaient dans l'ombre l'éducation des générations pauvres. Beaucoup se souciaient davantage de l'avenir des jeunes races que de la coupe de leurs robes. Lorsque Balzac avait créé le type de Mme de Marneff et quand Augier avait décrit si bien toutes les misères des Lionnes Pauvres, on avait protesté ; criant à l'impossibilité. Pourtant la perturbation morale que l'un et l'autre avaient si bien comprise était réelle. La galanterie facile était la résultante de la spéculation des classes riches. Lorsque Henri Becque composa les Corbeaux, il donna, d'autre façon, la mesure évidente de ce mal.

1879

La sincérité en amour s'effaçait devant le gain ou devant le mensonge ; une préoccupation matérielle de toute minute éloignait la franchise des sentiments. La phrase de Sterne si juste, si décisive, devenait plus que jamais d'actualité : « Les gens graves haïssent l'amour à cause du nom, avait dit le père de Tristam Shandy ; les égoïstes à cause d'eux-mêmes, les hypocrites à cause du ciel ». Jamais aucunes paroles ne furent plus en harmonie avec l'époque. Si Musset réapprit l'amour à beaucoup de nouveaux amants, cet amour, en eux, s'accrut du doute de sa durée. La plupart devenaient plus raisonneurs. Le désintéressement était moins grand que par le passé. Beaucoup avaient lu Proudhon et les philosophes presque tous positivistes.

La prépondérance des écoles allemandes sur les écoles anglaises domina, malgré tout patriotisme. On adopta de Schopenhaüer plutôt ce qu'il avait d'osé dans la haine que ce qu'il avait de sublime et de consolant dans la pensée. On ne tint aucun compte des travaux admirables de Stuart Mill ni d'aucuns des maîtres de son école.

La fréquentation d'une jeunesse aussi sceptique irrita la Femme. En peu de temps ses manières, ses mœurs, ses goûts évoluèrent. Une sorte de rébellion sourde s'empara de son esprit. Ces symptômes s'affirmèrent selon les classes. Les grandes dames montrèrent plus de liberté dans la parole et dans les jugements; les bourgeoises inculquèrent à leurs filles des notions matrimoniales qui surent les prévenir contre le désir des libertins; les lorettes, elles, devinrent frondeuses et difficiles. Ainsi se prépara l'époque moderne, toute de futilité, d'amusements ou de misères.

La question matrimoniale inquiéta les cervelles féminines. L'intrusion des étrangères dans les maisons d'éducation, les garden-party, les soirées diplomatiques étonna. On fut surpris de cette indépendance d'allure de la Scandinave et de l'Américaine. Les modes peu à peu annoncèrent les tendances neuves. On adopta les vêtements aux coupes sobre, les robes aux formes linéaires. Une sorte de sécheresse désagréable pénétra la conversation commune des boudoirs. Il y eut comme une crainte redoutable qui surgit derrière les relations passionnelles. Barbey d'Aurévilly, dans l'un de ses plus admirables romans, *Ce qui ne meurt pas*, dépeignit dans la perfection toutes les douleurs et toute la peine des fausses situations amoureuses, où l'hypocrisie sociale amenait fatalement les êtres. Le mariage, l'amour libre; voici les thèses où s'épuisèrent les psychologues nouveaux. L'hypocrisie absurde des lois devint

1879

le motif de mille travaux de rénovation. Chacun s'ingénia à vouloir psychologier sur la femme, l'enfant, l'amour. Le grand Michelet, bien des années auparavant, s'était déjà préoccupé de ces graves questions. Mais il n'avait point trouvé de solution à ces problèmes que les hommes depuis lors s'étaient plu à embrouiller bien davantage encore.

Fourrier, Proudhon amoncelèrent des tomes nombreux. Malthus souleva sa fameuse querelle de la reproduction. D'aucuns traitèrent de la responsabilité génétique avec une verve pleine de mauvais goût. Quelques autres, d'une intelligence supérieure, furent plus généreux et plus spirituels. De ce nombre est le professeur Richer, dont les études philanthropiques réunirent l'admiration. Dumas fils, vers le même temps, écrivait : « La prostitution de la femme va peu à peu perdre son caractère d'autrefois, les amours libres ne vont faire que croître et embellir. » Le code Napoléon, qui n'accordait pas à la femme des libertés aussi larges que dans certaines autres nations, fut mûrement discuté. Des sociétés se formèrent pour la protection du sexe faible.

Ce fut une grande poussée de libéralisme. L'auteur de la *Princesse Georges* déclara sévèrement : « La virginité est un capital ». Ce capital précieux, menacé continuellement par les embûches de la vie contemporaine, acquit aux yeux de toutes une importance encore bien plus grande que par le passé. On spécula sur son existence. De là naquit le *flirtage*, depuis lors admis universellement. Les jeunes filles s'apprirent à apprivoiser les fiancés. Comme des pauvres alouettes se laissent prendre au jeu rayonnant du miroir, ainsi les galantins se laissèrent séduire par la promesse de cette virginité authentique à laquelle ils n'avaient plus droit que par le mariage. Ce fut le début des demi-vierges dans le monde, le livre et les théâtres.

1880

De la perversion se glissa sous cette liberté apparente. Selon les femmes, l'amour moderne prit une direction différente. Quelques-unes se livrèrent à des promiscuités douteuses ; le plus grand nombre abandonna un peu de sa pudeur et de sa délicatesse. Les jeunes filles prirent l'habitude de se rapprocher des jeunes gens plutôt par camaraderie et « bon garçonisme » que par un attrait sexuel.

La fréquentation continuelle des mêmes jeux, des mêmes sports accentua encore cette tendance. On se rencontra au tennis, aux salles d'armes. Le canotage, l'équitation furent des prétextes de sorties.

Avec la bicyclette, la dernière apparence de pudeur fémi- nine disparut, s'évanouit sur le cheval de fer.

Cette fois encore, le malicieux Cupidon se mêla de la partie.

Les amants à bicyclette couraient si vite, accumulaient si bien les kilomètres que ses petites ailes roses en souffrirent et que bien souvent il lui arriva d'envier les pieds ailés de Mercure.

De la ruse succéda à la folie.

Il fallut dérober les baisers. On ne parla plus d'amour qu'avec des termes de jockey et d'entraîneur. La plupart des viveurs prêtèrent un intérêt aussi grand aux juments de leur écurie qu'à leurs maî- tresses de l'Opéra. Le respect de la passion dis- parut peu à peu. Il avait suffi de dix années pour rendre la femme à son insouciance et à son oisiveté d'autrefois. Le luxe, l'élégance ne se développèrent pas avec une exagération aussi grande que sous le régime impérial, toutefois une sorte d'insolence s'y mêla. Ce luxe s'étendit davantage à l'inti- mité. La lingerie surtout prit de l'importance ; le monde fashionable, le monde galant se rui- nèrent en dentelles et en falbalas ; les coquettes accumulèrent, dans leur bahuts, les « Mireil-

1880

LA GRANDE ALLÉE DU PARC MONCEAU
(1886).

L'AVENUE DES CHAMPS-ÉLYSÉES
(1888).

les », sortes de guimpes montantes de mousseline et de valenciennes.; les « Yvonnes » ou crêpes de dentelle bretonne; les « Médicis », les « Lamballes », les fichus de surah, les dentelles « Marie-Thérèse » ; les tulles, les éoliennes, les étoffes beiges, les toiles satinées abondèrent aussi. Puis ce furent les nœuds Colbert, Figaro, Papillon; le nœud-jabot Marion ; le nœud Yolande et d'autres, en satin merveilleux.

Les nuances préférées furent d'abord sombres. On adopta le bleu lotus, le rouge Van Dyck, les teintes dites « loutre » et « mandragore ». L'été, au contraire, ce furent les parures de surah et de foulard qui dominèrent et qui, insensiblement, amenèrent le goût féminin à choisir entre toutes les belles indiennes, les voiles légers et transparents, les teintures fluides et tremblantes des murailles et des salons.

Ce qui resta de la pudeur sombra dans une folle préoccupation des vêtements de dessous; l'habitude de l'hydrothérapie en commun, la liberté de langage, de manières, d'attitudes, accélérèrent encore cette décadence des mœurs.

Les grandes voies commerçantes de Paris se peuplèrent de marchands de vélocipèdes. Les affiches de la Withworth », de la « Gladiator », de la « Humbert », de la « Sterley bro's », de la « Française », couvrirent de toutes parts les murailles des villes. — Du cerveau et du cœur, la pulsation fébrile des êtres descendit dans les jambes des coureurs et des coureuses. Le match à la pédale supplanta le match à l'amour.

Les costumes des Pédarts modifièrent étonnamment les modes.

La Française de 1880, dissemblable de celle de 1870, acquit des allures garçonnières d'une liberté et d'une indépendance effrontées. Une nouvelle époque commença pour la galanterie. La grave question du bonheur s'effaça devant celle, plus banale, de la jouissance. La seule satisfaction des appétits occupa les êtres et prépara lentement les années plus nouvelles encore de décadence morale et de travail assidu, de sacrifice caché et de lucre affiché ; la société actuelle fut secouée d'une folie ardente parmi l'oubli des choses. Le mélange de fange et de sublime qui caractérise si bien l'incertaine vertu nationale éclata bientôt plus que jamais dans les coutumes et les relations des sexes...

LA PARISIENNE CONTEMPORAINE

SA PSYCHOLOGIE. — SES GOUTS. — SES MODES.

Lorsque Alexandre Dumas fils, à propos de l'une de ces crises passionnelles dont il fut si fréquemment le psychologue, nous parla, pour la première fois, de la *Route de Thèbes*, sans doute jeta-t-il, sur la question féminine de ce temps, une grande clarté nouvelle et révélatrice. La Femme moderne est bien le sphinx mystérieux et attrayant qui attend le voyageur désœuvré au carrefour du chemin où il passe, et chacun de ceux qui essayent de tenter l'aventure de son amour court le risque, s'il ne parvient pas à en expliquer l'énigme, de périr d'amertume et de douleur, ou tout au moins d'avoir à continuer la route, avec, dans le cœur, le grand vide et le grand néant de la désillusion et du sarcasme. Certes, le sphinx est troublant et adorable ; pas un de ceux qui sont

allés vers lui ne regrette le voyage qu'il a fait ni l'étonnement qu'il en a gardé. Le pays du sphinx est un pays de
merveille et de féerie. C'est aussi une contrée où les plus
braves et les plus aguerris ne se hasardent pas sans hési-
tation. Seul don Juan ne s'est pas déconcerté ; drapé dans
la longue redingote claire de la dernière mode, la boutonnière fleurie d'une rose à peine épanouie, paré de vêtements de coupe élégante, il a osé aborder l'être redoutable
et charmant, résoudre toutes les questions qui ne man-
quèrent point de lui être posées et revenir triomphant au
club ou au cercle qui lui est coutumier, ayant pénétré le
secret si vain et si enchanteur de Son Altesse la Femme.
L'amant moderne en effet a moins d'enthousiasme malheureux que Werther et que Julien Sorel; sa perfidie n'est
pas aussi grande que celle de Lovelace ; sa mélancolie aussi
ardente que celle d'Adolphe ou du jeune Amaury. Ses tendances ne sont plus les mêmes que celles de Frédéric
Moreau. Avec l'éducation, les sentiments ont changé ; le
scepticisme est venu. La femme a été réduite à jouer le
rôle de poupée sur la scène de guignol des marionnettes
de ce temps.

> Les petites marionnettes font, font, font
> Trois petits tours et puis s'en vont.

La poupée, certes, est exquise. Elle est inquiétante, mais
combien pernicieuse aussi.

Dans son frêle cerveau, elle a compris l'ironie d'une destinée aussi chétive que celle qui lui était réservée, et avec
toute la duplicité et aussi toute la bravoure dont elle se sent
capable, elle n'a pas craint de revendiquer, à haute voix,
les prérogatives qui lui sont dues comme à un être pensant
et raisonnable. Des désirs d'émancipation ont germé en
elle, à la suite de l'introduction en France d'idées analogues
importées d'outre-mer et acquises peu à peu dans les

voyages. Elle eut honte du rôle inférieur qu'il lui était donné de jouer depuis des siècles et, un instant, elle se souvint des hautaines paroles de mépris de Mlle de Maupin à l'adresse des amoureux de son temps. La fréquentation journalière, où elle se prodigua, des gentilshommes nouveaux ne tarda point à lui démontrer combien les races illustres avaient dé- avec tous les petits club- men de ce temps, à d'aussi chétifs reje- maris, généralement tous les abus du et de la fête, les être, que le spleen létique de ces sés et tristes dont nous raconta avec les petites ignomi- misères. Alors que douairières de de la duchesse vaient de consa-

1881

généré, pour aboutir, men et les petits sports- d'aussi souffreteux et tons.—La moralité des discutable et tarée de trafic, de la politique écœura autant, peut- et la désolation ham- amants désabu - Jules Laforgue tant d'exactitude nies et les petites quelques-unes des France, à l'instar d'Uzès, ache- crer leurs der-

niers beaux jours au succès du Boulangisme et des candidats de la revision constitutionnelle, un petit groupe de Françaises préparait, dans l'ombre, l'organisation de tout un parti féministe. Les opinions trop accréditées de Proudhon et de Schopenhauer sur l'infériorité intellectuelle de la Femme menaçaient d'être remises en circulation parmi certains groupes de réformateurs philosophes.

Les nouveaux biologistes s'intéressent peu, pourtant, à ce problème de l'émancipation de la femme : et, les dernières attaques antiféministes dont le dramaturge Strindberg se rendit l'auteur dans plusieurs de ses écrits ne rencontrèrent parmi nous qu'un retentissement médiocre et fort limité.

Une légende égyptienne rapporte, sous couleur de fable, qu'à certaine époque, le culte d'Isis se trouva supplanté dans les temples par celui d'Hatôr, la déesse du Plaisir et de la Toilette. Ce qui avait eu lieu à Thèbes ou à Memphis se reproduisit à Paris et dans les villes françaises. Le goût du luxe s'accrut. La petite déesse Hatôr, elle aussi, recommença à dominer. Le *Cabinet de Toilette* de la Baronne Staffe remplaça l'*Éducation des filles*. L'introduction du Flirt dans les mœurs acheva de mettre un frein à toutes les tentatives d'indépendance féminine.

❧

Le « home » de la Parisienne est devenu délicieux et paré on ne peut mieux d'une coquetterie savante et entendue, bien faite pour encadrer l'hôtesse futile qui y demeure. Il semblerait que la plupart des arts décoratifs et des industries textiles tendent à se développer dans ce sens de la coquetterie et de l'élégance des femmes. Les peintres, les tapissiers, les architectes ne travaillent plus que dans ce goût du joli, du frêle et du fragile qui convient si bien au charmant décor de la Beauté.

Tout ce que le mobilier du dernier règne conservait encore de massif dans les formes et de monotone dans l'aspect a disparu absolument. Le regain du goût Empire, accrédité, ces temps derniers, auprès d'un public curieux de changement, se trouva accrédité de préférence dans les milieux de diplomates, dans les salons académiques, chez les politiciens et les littérateurs sérieux. Les fauteuils à la grecque, les sièges à la Récamier, tous les meubles à

1881

cannelures linéaires furent adoptés principalement dans le
monde raisonnable de l'Institut et du Parlement. Les ouvrages
de M. Frédéric Masson, les proses de M. d'Esparbès, tous les
dessins et toutes les poésies consacrés au souvenir de
l'Épopée impériale ont revécu dans certains salons. C'est,
sans aucun doute, dans le cadre d'un de ces ameublements
sévères que M. Abel Hermant a su évoquer, avec un
charme si doux, le souvenir confidentiel de son *Aïeule*.
Toutes les Françaises d'aujourd'hui ne sont point
curieuses de pousser si loin l'étude même de l'histoire.
Leur caprice est bien plus volage. Et il leur soucie peu
d'être Corinne ou la Princesse Borghèse.

Un goût nouveau, empreint d'aspirations assez
disparates et formé d'un mélange assez confus,
allant à un retour aux façons de l'ancienne société
française aux capricieuses fantaisies des Japonais
et à une prépondérance assez marquante des teintes
claires de nos pastellistes et de nos aquarel-
listes de l'heure, indiquerait volontiers la tendance générale de la Française. Si artiste tout en
restant si femme, elle a en horreur toute la bana-
lité de l'ameublement sans caractère. La recherche

1882

de l'originalité la tourmente jusque dans la disposition
de sa chambre à coucher, jusque dans la manière d'orner
son cabinet de toilette, ou dans celle de tendre les
murailles de son salon. Le plus souvent, la Parisienne
actuelle essaie d'établir une sorte de corrélation entre
son costume et sa demeure ; ses draperies et ses robes
doivent s'harmoniser au mieux. Elle possède un sens très
fin des couleurs, un tact tout délicat des mille nuances des
choses. Elle ne veut point que rien de son accoutrement
choque la symétrie cherchée ou le désordre enchanteur de
sa maison. Son goût dominant est la simplicité. La préférence des surfaces neutres, des simples attributs s'est peu à

peu emparée d'elle en même temps que celle des étoffes
sans relief et des costumes sans éclat. Une sorte de pudeur
chez les unes, de snobisme chez les autres, a contribué à
introduire ce genre transparent et léger que certains recher-
chent à cause de sa limpidité reposante et douce, d'autres
parce que leur amour de la peinture murale leur a enseigné
la lumière et l'attitude des fresques. Les sièges, les tables,
les armoires, ont acquis cette élégance svelte et légère des
bois exotiques que l'on employa pour les construire; leurs
panneaux, leurs cimaises sont généralement très minces et
laquées, le plus souvent peintes de nuances pâles et ondu-
lées. Si les étoffes de production française se trouvent être
·dues aux capricieux métiers d'ouvriers nationaux, l'ameublement, au contraire, n'a pas été sans subir une influence
à la fois orientale et britannique. Ces jardinières en bois
de bambou, ces étagères de marqueterie aux couleurs et
à la fragilité de roseaux, ces cadres vernis et blancs, cette
.invasion des fauteuils de jardins dans les appartements
d'hiver, ces rockings-chairs, ces faïences et ces porcelaines

présentent autant de symptômes d'influences
étrangères. Chez la plupart de nos mondaines
domine ce goût hétéroclite qui les fait s'appa-
renter aussi bien à Miss Helyett qu'à Madame
Chrysanthème. Avec cela, un attrait bien nettement marqué pour les trumeaux, les dessus de
portes, les éventails, les pastels et les tapisseries éteintes introduisit de toutes parts cette
note indéfinie et chiffonnée du xviiie siècle.
Il y eut dans toute maison nouvelle de la
Parisienne de cette grâce agaçante et mul-
tiple qui tient à la fois de celle du Trianon,
du cottage et de la Maison-Verte. — MM. de
Goncourt, qui étaient psychologues et artistes, presque inconsciemment, avaient

1883

LA TOUR EIFFEL VUE DES JARDINS DE L'EXPOSITION
(1889).

LE RETOUR MATINAL DU BOIS
(1890).

deviné ce mélange confus des styles lorsqu'ils mélangèrent
dans quelques-unes de leurs études les modes de Yokohama,
de Versailles et de la cour du Roy à celles, toutes récentes,
de René Mauperin. Le cabinet de toilette se trouva plaqué de
mosaïques aux teintes de jade et d'aigue-marine : on se
plut à jouer *Les Fêtes galantes* dans les comédies
de salon ; la coiffure acquit ce tour et cet enche-
vêtrement habituel aux petites mousmés ; enfin
on endossa la tunique et la culotte de la cyclewoman. Les allures les plus félines et les plus
gracieuses disparurent presque totalement, à
certaines heures, pour laisser place à un lais-
ser-aller camarade et à une liberté de paroles
garçonnière. — Telle maîtresse de maison que
nous admirions le soir en toilette Louis XV,
toute nuancée des teintes les plus claires
du beige précieux au crème le plus tendre, passait le lendemain matin, sous nos
yeux, dans les allées du Bois, avec, autour
des hanches, la mince jaquette anglaise
des bicyclistes et, autour des jambes,

1884

les larges chausses bouffantes des touristes montagnards.

La vogue accordée aux étoffes Liberty, aux vaporeux
tissus des Indes, l'enthousiasme qui accueillit certaines
fleurs (les orchidées, les chrysanthèmes), la recherche des
estampes colorées de Lawrence, de Fragonard, de Boucher ;
les encadrements blancs ou vert d'eau dont on entoura dé-
sormais les tableaux des jeunes peintres, les reliures pâles
des livres, les couvertures même des revues s'harmonisèrent
à cet ensemble délicieux et un peu hétéroclite dans le décor
duquel la Parisienne contemporaine apparaît dans un confort
aussi flatteur pour son esprit que reposant pour sa grâce
futile et grêle. Elle a, pour ainsi dire, propagé alentour d'elle,
dans ses ambiances, les lignes variables de ses costumes.

Enfin elle est raffinée et intelligente, dans la
façon de disposer de ces choses. Sa fréquentation
de plus en plus assidue dans les milieux des artistes de tous genres, développe en elle cette
recherche bien comprise et sobrement décorative
de l'élégance. Avec cela, ce chic suprême qui
n'appartient qu'à la Parisienne et que se sont
transmis toutes ses aïeules, à travers les
siècles, malgré les laideurs et les changements
de la mode, fait que nous apprécions comme
un enchantement et comme un plaisir cette
magie du décor, du chiffon, du meuble,
cet enveloppement d'harmonie, cette atmosphère du « home », qu'elle sait rendre
si capiteuse et si absorbante...

1885

C'est l'hiver, surtout, que triomphe la femme contemporaine. Voici le temps des thés, des bals, des
premières représentations, de tous les anni-
versaires et de toutes les fêtes.

Là, vraiment, elle est souveraine ; là éclate
toute son élégance, dans ce qu'elle a, à la fois,
de plus varié et de plus luxueux. Pour une
saison elle redevient vraiment la Femme,
la fée et la siréne, elle abandonne ses costumes aux allures masculines, laisse repa-
raître toute son affabilité de maîtresse de
maison accueillante et frivole, éduquée à
souhait pour perpétuer comme il faut la
vieille tradition de politesse nationale. Les
sports sont abandonnés. A part une promenade faite au Bois, le matin, à l'heure

1885

charmante des intimités, en une gracieuse amazone, ou, au mois de février, quelque séance de patinage sur les lacs, la femme élégante passe dans ses appartements tout le temps qu'elle ne consacre pas aux loisirs du monde.

D'abord les robes : le règne du grand couturier commence. C'est lui qui devient le maître conseiller, le metteur en scène principal, le confident presque. Il est obséquieux et flatteur, plein d'afféterie et de maniérisme.

Sa domination est souveraine.

C'est à lui qu'il est donné de préparer tous les voiles de la petite Fée. Nul mieux que lui ne connaît les secrets de son alcôve et les potins de son office. Cet homme est un peu comme un amant blanc, une sorte d'eunuque de la civilisation que les hommes tolèrent parce qu'il embellit la créature qu'ils adorent, autant pour ses coquetteries éphémères que pour sa grâce durable et toujours jeune. La plupart devinent, dans le couturier, un entremetteur d'élégance et de luxe bien fait pour éveiller la séduction.

Aussi le ménagent-ils comme un intrus dont on attend des services, ainsi qu'un commis de tous les plaisirs, un être tenant à la fois du décorateur et du sigisbée.

La femme, elle, obéit à ce conseiller, certaine que, quelque puisse être le travesti sous lequel il la présente, toujours elle triomphera. Les modes les plus tyranniques ou les plus ridicules peuvent s'imposer à elle et venir alourdir son naturel et son caprice, une indépendance aisée fait qu'elle demeure quand même maîtresse, et une science approfondie de sa beauté fait que, malgré toutes les entraves, elle sait approprier encore pour le meilleur compte de son élégance ces falbalas compliqués qu'on lui impose souvent. Qui ne se souvient, par exemple, de ces formes artificielles, dites *tournures* ou, pour rappeler un souvenir plus vulgaire

1888

encore, de la crinoline dont s'enveloppèrent ses formes
vers 1865 et 1885. Nos déesses callipyges, si charmantes
au naturel, acquirent une difformité de plus. Récemment
encore, le développement des manches, à l'endroit des
épaules, fut considérable. Les collets peu après triomphèrent. Après nous avoir dissimulé la ligne des reins, on
nous ravit encore le rythme des épaules, le délice des
nuques et des gorges. L'ampleur des costumes devint into-
lérable. Certains jours, il devenait impossible d'entrer dans
les voitures publiques, de pénétrer dans les bureaux de
tramways ou les stalles de théâtre.

La femme prenait, semblait-il, les proportions d'une
grande libellule fâcheuse et encombrante. Ce n'était plus la
légère sylphide du Directoire ni la papillonne un peu lourde
et ridicule du second Empire. De la difformité s'introdui-
sait dans son costume.

Ces modes heureusement ont vécu.

Le goût d'autres étoffes, plus harmonieuses et plus claires,
un sens plus délicat des formes et des voiles qui en doivent
perpétuer le rythme s'est introduit dans les costumes plus récents. Avec cela une réminiscence
des gravures d'autrefois, un composé des modes
des vieux siècles vint ajouter un charme de plus
à celui déjà natif de la Parisienne. Les couturières et couturiers parisiens, les Worth, les
Laferrière, les Paquin, les Félix, les Rouff, les
Mᵐᵉ Callot, les Creed's, les Fred, les Vincent
et tant d'autres maîtres en l'art de concevoir et
d'exécuter robes et manteaux, font revivre, dans
leurs toilettes, l'histoire de France entière.

— La mode existe-t-elle encore avec de tels
créateurs fantaisistes? — On pourrait croire le
contraire; la Mode des modes tend de plus en
plus à faire son apparition; ce nouvel usage

1889

inaugurera un uniforme général pour les gens affairés, hâtifs et sans goûts, pour les profanes qui s'achalandent aux confections, comme d'autres se restaurent au bouillon Duval, tandis qu'il fera naître, d'autre part, une diversité de costumes bizarres, sans expression ni caractère absolument définis, sans ensemble absolu, mais originaux individuellement et dont les véritables élégantes, celles qui tiennent encore à la personnalité, rechercheront toujours le cachet distinctif.

1889

Ce qui caractérise plus spécialement la mode de la femme contemporaine, c'est le luxe des dessous qui s'est développé en ces quinze dernières années d'une façon considérable, en raison de la sévérité, de la simplicité, de la sobriété des robes du dehors.

Le genre anglais, le costume tailleur s'étant généralisé pour la tenue de sortie, le contraste des élégances d'intérieur devait s'accroître en raison légitime.

Aujourd'hui tout le luxe joyeux, toutes les mignardises et les fanfreluches nécessaires à l'enveloppe de « l'animal de luxe et de plaisir » se sont réfugiés dans les dessous. Les lingères et les corsetières comprennent à merveille qu'on ne saurait trop raffiner sur le vêtement intime, tisser trop d'inventions légères, de paradoxes de guipures, de caprices de soies transparentes, trop habilement chiffonner de subtils tissus, nuageux, floconneux, aux colorations douces et évanescentes.

C'est pourquoi les valenciennes, les guipures d'Irlande, les malines, les chantilly, les points de Venise, les dentelles de Saxe, d'Alençon, sont employés, comme entremets de la toilette, en des fouillis crémeux, mousseux, aussi compliqués que le cœur de certaines fleurs rares où se multiplient les couronnes de pétales dentelés. Ce luxe des

29

dessous de nos Aphrodites est devenu si prodigieux que le résumé des inventions de la lingerie actuelle formerait un manuel tout entier.

Beaucoup des modes de 1830 ont été adoptées; les fameux gigots auxquels on ne croyait plus devoir jamais revenir ont été dépassés, les manches se sont ballonnées jusqu'à l'outrance et à la caricature, puis peu à peu elles se sont réduites à l'état d'épaulettes bouffantes, et nous aurons un retour prochain à la manche plate.

On a parcouru tout le cycle des collets légendaires de la Restauration à la Monarchie de Juillet, tous les carricks de drap, de fourrures, de dentelles ont été usités à deux, à trois ou six rangées de collets superposés; actuellement on semble revenir aux manteaux amples avec cols extravagants engonçant la tète à la manière des costumes des Valois. Les robes ont été longues puis courtes, en cloches énormes pour donner des plis; elles reviennent à des dimensions plus normales; on les porte soutachées, cerclées de passementeries, de ganses plates tout comme en 1825; le boléro qui s'ajuste sur la chemisette et qui fait encore fureur est soutaché et cerclé de lignes horizontales tout comme la jupe; quant aux chapeaux, après avoir été géants, avoir affecté des formes élevées, s'être chargés de fleurs en corbeilles, les voici qui s'amincissent, se font modestes, gracieux; on affirme même que nous allons adopter un chapeau genre madras qui simulera la coiffure des grisettes bordelaises. *C'est fou, donc c'est femme*, et probablement exact. — Mais revenons aux robes d'apparat.

Aujourd'hui les applications sur les robes se font généralement en dentelle blanche, noire, écrue ou crème, mélangées avec des étoffes, des rubans, de la soie, du velours et

1890

du jais. Les teintes beiges et grises sont remises aujour-
d'hui en honneur dans les vêtements nouveaux. Les dessous
sont également en couleurs très fines, comme la soie claire
ou la satinette. Les dentelles, délaissées un instant, à grand
tort, commencent à être remises en faveur. L'abondance
du volant, l'exagération des garnitures expliquent ces
réminiscences : voici la valencienne, la maline, l'angleterre,
la chantilly, la blonde, toutes ces fanfreluches délicates et
fines comme le duvet et que les modistes, dans leur argot,
ont baptisé si élégamment du nom de *froufroutage*. Ces
étoffes se sont introduites dans le costume en même temps
que les cheviottes et les papiers peints dans les appartements.
Toutes les nuances changeantes comme l'onde et presque
musicales, presque tremblantes comme celles du ciel et de la
mer ; toutes les teintes qui ont l'éclat des fleurs et leur
légèreté; tous les feuillages, se retrouvent dans les mille
productions de l'industrie textile, depuis les mousselines

1890

et les tulles jusqu'aux taffetas et aux foulards; depuis le reps,
la popeline et le lampas jusqu'au lasting, à la serge et à la
moire. Les jolies guipures de l'Auvergne, les points d'Alençon et d'Argentan, le point de gaze de la Belgique ornent
le boudoir des élégantes aussi bien que leurs robes.

Les après-midi que la femme ne passe point chez elle
ou ses amies sont consacrées aux promenades dans les
grands magasins et dans tous les lieux où il lui est possible
de découvrir un agrément nouveau. Tantôt, c'est chez Laferrière, chez Félix, chez Rouff, chez Fred, chez Mme Callot
où elle affine son goût dans la recherche des costumes aux
tonalités discrètes, aux lignes harmonieuses ; tantôt chez

Guerlain, chez Houbigant, chez Lubin où les meilleurs par-
fums de toilette lui seront offerts. Les expositions de blanc
et de soieries la convient. Pour toute une saison il lui sera
permis de s'y pourvoir de ces chemisettes de surah, de ces
jupons, de ces jerseys, de ces bas fins et de tout ce trous-
seau compliqué qui fait notre irritation et notre agrément.
Puis c'est une station chez Worth, chez Doucet, chez Morin
ou chez Mlles X..., Y..., Z..., les Modistes les plus en vogue
du quartier de la Paix.

❧

Sa vanité éternelle trouve où se distraire dans les mille
réjouissances de l'époque hivernale. Dans son salon, où les
vases les plus beaux sont encombrés des fleurs du Midi,
elle préside. Nous sommes à l'heure du thé, du caque-
tage le plus séduisant et le plus joli. On y discute sur les
cadeaux à faire pour le nouvel an, sur les visites officielles
à rendre dans les milieux les plus « select » de la nouvelle
« gentry ». Quelques dames, habiles à l'aquarelle,
s'entretiennent d'éventails ou de miniatures. Certaines énumèrent toutes les toilettes qu'elles
comptent porter aux courses, au théâtre, aux
concerts, aux salons, où quelquefois des artistes
sont admis. Alors les causeries s'affinent. On
se communique des avis sur la façon de bien
poser devant les peintres, sur celles de briller
aux jeux, aux ventes de charité. Chaque fête
amène ses préoccupations, ses tourments
et ses plaisirs. A Noël, ce sont les réceptions nocturnes, au milieu de la joie des
enfants, puis les dîners attardés dans les
brasseries célèbres, les restaurants du boulevard où il y a des hommes qui vont avec

1891

LA SORTIE DES ABONNÉS DE L'OPÉRA
(1891).

AU CONCOURS HIPPIQUE
Palais de l'Industrie (1892).

leurs maîtresses et des femmes avec leurs amants, où des filles seules attendent, devant un bock, la venue du providentiel partenaire généreux.

L'hiver, en effet, toutes les femmes, qu'elles le veuillent ou non, se coudoient. Les distances, gardées dans les manières de la politesse, ne le sont plus dès qu'une affluence de monde se réunit dans les milieux publics. Le *Journal*, le *Figaro*, les publications de luxe, dans leurs entrefilets consacrés aux plaisirs mondains, unissent, avec un sans gêne disparate, les princesses les plus illustres avec les courtisanes les plus en vue, les actrices les plus en vogue avec les bourgeoises riches les plus timorées. C'est là un des symptômes de ce temps. La société républicaine a supprimé les distances qui existaient encore entre toutes.

A quelque caste qu'elle appartienne, la femme moderne ressent de la jalousie pour sa voisine galante ou aristocratique. Si courtisane, elle envie à la femme mariée ce brevet de laisser-passer que le mariage octroie et qui permet d'être reçue partout, dans les endroits les plus puritains comme dans les milieux les plus sévères. Si femme du monde, elle déplore de ne pas jouir d'une indépendance et d'une réputation qui lui eussent laissé le loisir de se livrer aux pires incartades. Ainsi, parmi les femmes il y a des haines et des envies qui amènent nécessairement, dans certains milieux, des rapprochements. Ces symptômes, peut-être, sont encore plus apparents, semble-t-il, l'hiver, au milieu de toutes les fêtes des villes, que l'été, à l'instant des plages et des casinos.

Les littératures, les arts, les spectacles journaliers tendent de jour en jour à accélérer cette fusion.

Les bals qui sont donnés à l'Opéra vers l'époque du car-

1891

naval, les sermons qu'il est de bon ton d'entendre à Saint-
Roch ou à Notre-Dame à l'époque du Carême, les concerts
Colonne ou Lamoureux aussi bien que les cafés-chantants
sont des lieux où se manifeste ce rapprochement étroit des
classes différentes. Les endroits religieux ou esthétiques
occasionnent bien des auditions en commun. La
parole du Père Didon, flatteuse et anodine, ne
manque point d'attrait aux heures où l'on est
sérieuse ; et le chant rythmique, traînard, d'Yvette
Guilbert, le pas cadencé de Mlle de Mérode
sont des réjouissances auxquelles il est permis
de se complaire entre un mariage qui a eu lieu
le matin à la Madeleine ou à Saint-Philippe du
Roule et une première représentation, à la Comédie-Française ou à l'Opéra-Comique. Les
confessionnaux, les promenoirs de cirques,
les stalles des théâtres sont accessibles au
même titre. Les similitudes de tendances, de
goût ou de trafic, qui établissent une com-
munion étroite entre le monde politique, le
monde militaire, le monde financier et le

1892

monde artistique, ont contribué encore à développer cette
fraternité dans les plaisirs aussi bien que dans les devoirs.
Tel salon coté et royaliste de la rue de Grenelle ou du
boulevard Saint-Germain a ouvert ses portes hier à quelque
femme de fonctionnaire important. Tel autre où fréquente
la haute société juive ne se ferme pas devant les veuves et
les filles de riches industriels catholiques dont les dots et
les héritages augmenteront encore, si l'on s'y prend avec
adresse, la fortune des hôtes accueillants. Cet endroit sévère
et cosmopolite où la générale Booth compte de charmantes
disciples s'accote dans la même rue à quelque rez-de-
chaussée mystérieux et secret où quelques névrosées se
livrent aux pratiques de la messe noire et des évocations.

Dans les couloirs des Folies-Bergères, de l'Olympia, du Pôle Nord et de la Scala, il y a des quantités de femmes du monde qui circulent, attirées par le bruit fait autour des aventures érotiques de Mlle d'Alençon, des décolletages de Rose de Mai ou des déshabillés de Mlle Anna Held. De même, ces dames ne négligent point d'élire pour y tenir leurs assises les quartiers les mieux choisis, et les Champs-Élysées, la rue de Rome, les nobles faubourgs, les boulevards d'Auteuil sont devenus les lieux de retraite de plus d'une horizontale lancée.

Paris est la grande ville où les mœurs les plus graves se confondent avec les plus faciles. C'est la grande ruche de toutes les abeilles. Théâtreuses ou duchesses, grisettes ou trottins, douairières ou demi-vierges papillonnent dans cette atmosphère grisante de folie et d'effrenée jouissance où la vie se trouve surexcitée à un degré si grand de nervosité et d'éréthisme que c'est à peine si la mort s'y entend et que c'est à peine si la fête un instant s'interrompt lorsqu'il s'agit d'obsèques importantes ou d'un deuil national. Les petites abeilles de la ruche ont tant besoin de s'enivrer avec le miel de la griserie ! Leur être frêle se plaît si peu au recueillement et à la réflexion !

Des nuances, des couleurs, du bruit, des lumières deviennent les prétextes uniques de leurs joies et de leurs sourires. Elles ressemblent à ces mille et une sylphides que Théodore de Banville aperçut si bien à travers les astragales et les joailleries de ses vers et qui se pâment d'une façon aussi voluptueuse aux multicolores danses de la Loïe Fuller comme au ballet des nymphes de *Tannhauser*, comme aux caquetages délicieux que Donnay a mis sur la bouche de ses héros d'*Amants*, comme aux ardentes jonchées de

1892

chairs et de fleurs dont *Lysistrata* nous a montré la merveille. Ainsi s'occupent-elles jusqu'au printemps nouveau.

Alors vient l'instant de se préparer aux réunions plus élégantes encore. C'est le temps de la Fête des Fleurs, du Grand Prix, des deux Salons. Le clubman, le sporstman deviennent alors les amants de choix, sinon le peintre excen-trique aux relations juives assurées. Des intrigues se nouent dans les alcôves pour l'obtention de la médaille d'honneur, pour le succès de tel jockey porteur de couleurs désignées. Ainsi pour les élections de l'Ins-titut. Les duchesses se compromettent, des bas-bleus célè-bres séduisent de vieux hommes aca-démiques. Enfin une pluie immense de roses, une zébrure de casques en arcs-en-ciel, sur la plaine verte de Longchamp : Le Grand Prix, la Fête des Fleurs ont eu lieu. Et les longues files d'é-quipages descen-dent à présent vers la Concorde entre les haies des curieux massés dans les Champs-

1893

Élysées. La saison du triomphe s'achève peu à peu. Telle ou telle remporte du succès en effigie. Son icone est exposée au Champ-de-Mars sous la signature de Boldini ou de La Gandara. C'est là une célébrité illusoire d'une saison. Bientôt l'Horloge, l'Eldorado, le Jardin de Paris vont rouvrir. On abandonne les beuglants et les concerts mystiques pour les garden-party, les jeux de tennis, de croquet, les raouts et les comédies de salon. On délaisse Wagner et Berlioz César Franck pour Polin ou Fugère et les délices qu'on goûtait à l'audition de Gustave Charpentier et de Vincent d'Indy pour celles de la musique moins spirituelle et archi-profane d'estaminets d'été.

LA PROMENADE DE BÉBÉ AU LUXEMBOURG
(1893).

LE JOUR DU GRAND PRIX DE PARIS
Les courses (1895).

Puis ce sont les échos d'événements politiques qui hâtent les départs. Les complots d'anarchistes, les incendies, les bruits de guerre, d'émeute ou de Bourse incitent à l'exil vers les châteaux, les parcs et les garennes. Les wagons-lits, les sleepings-car sont loués par téléphone. Les milliers de petites sylphides retournent vers l'air plus libre et plus léger des grandes forêts où les Hamadryades sont mortes depuis longtemps.

La mignonne créature de chair et de baiser vit également par la lecture et par le cerveau. Tant de psychologues se sont plu à l'étudier dans son corps et dans son âme qu'elle-même a fini par croire à la prépondérance dominatrice de sa personne. Aussi du domaine de la passion s'est-elle propagée également au domaine de l'idée, ou plutôt elle les a parcourus également tous les deux. Mille écrivains et mille artistes ont consacré à sa louange et à sa critique leurs œuvres les plus nombreuses. Il y en a qui ont parlé de son amour d'une façon si compliquée et si ténue qu'il eût semblé presque que ce fût là de la science nouvelle.

Bien que de tous temps l'amour ait été le motif principal des œuvres de la littérature et du théâtre, jamais, à aucune époque, il ne s'est montré aussi tyrannique ni aussi varié. L'amour a perdu avec nos contemporaines le peu de simplicité qui lui restait encore. Aujourd'hui qu'un baiser devient le principal objet de tout un monde et qu'il suffit d'une intrigue passionnelle pour éveiller les plus importantes actions des hommes, des auteurs de talent se sont trouvés qui ont écrit, sur l'érotisme contemporain, des pages définitives. Les épouses, les maîtresses, les sœurs, les demi-vierges, toutes les femmes, tour à tour sont venues s'offrir à l'œil

exercé du romancier et du nouvelliste. Elles ont eu successivement leurs psychologues (Beyle, Bourget, Barrès); leurs
flatteurs (Maizeroy, Mendès); leurs poètes (Baudelaire,
Verlaine, Silvestre); leurs juges (Dumas, Flaubert, Becque);
leurs historiens (Hermant, Zola, Prévost); leurs philosophes
(France, Renan); leurs humoristes (Willy, Allais,
Chapus, Guillaume); leurs inquisiteurs (d'Aurevilly,
Joséphin Peladan). Tous ces hommes l'ont ins-
truite sur elle-même différemment. Chaque fois,
pourtant, ils l'ont fait avec déférence, comme s'il
se fût agi d'une souveraine indiscutée.

Les peintres ont été plus cyniques.

Le mot en demi-teinte des *Lettres de femmes*
et de *Mensonges*; les biographies romanesques
à la façon de celle de *Madame Bovary*; l'artistique complaisance de *Chérie* ou de *la
Faustin* n'atteignirent jamais à toute l'acuité
philosophique des pastels d'un Degas ou des
vignettes d'un Forain. Le temps n'est plus où
les peintres nous présentaient des femmes
vêtues et encore chastes, élégantes sous la

1895

toilette. Pour Degas, pour Forain, toutes les femmes sont
des filles sans pudeur. La poussière du pastel de Degas, c'est
l'épiderme menu de la femme moderne mis à nu; le coup de
crayon de Forain, c'est la ligne de son corps nerveux et maigre;
mais le trait de burin de Félicien Rops, c'est plus encore
que cela peut-être. Son art devient de la chirurgie et de la
dissection. Sous la blessure du scalpel, il offre le linéament,
le mécanisme même de la Démone; sous la morsure de son
eau-forte, le graveur a fait se lever à nouveau toutes les
Damnées de Baudelaire. Tout ce qu'il y a de luxure dans le
monde et tout ce qu'il y a d'animalité et de perversité dans
la passion humaine, Félicien Rops l'a éternisé dans ses planches
aussi effrayantes et aussi terribles que l'image même du

vice qui s'y trouve offert. D'autres encore, Louis Legrand, Jules Cléret, Helleu de Feure, Knopp, Rassenfosse, ont tenté de pénétrer au delà des nuances les plus subtiles de la coquetterie, de la futilité et du spasme.

La plupart d'entre elles, cependant, se sont montrées rebelles à cet art où elles apparaissaient si déformées, si enlaidies, si réelles malgré tout. Une réaction s'est produite dans leur esthétique individuelle. Et, il importe de le dire, ce sont les femmes principalement qui ont remis en honneur les maîtres de l'époque primitive, Léonard de Vinci, les Préraphaélites anglais. Toutes ont copié, dans les manières de leurs modes, ces coiffures aux bandeaux plats des faunesses de Sandro Botticelli, les corsages chamarrés des épouses de podestats de Benozzo Gozzoli, les linéaires attitudes des créatures angéliques dues à Dante Gabriel Rossetti ou à Edward Burne-Jones. Étranges oppositions et inexplicables perversités! Les petites âmes passionnées et inquiètes voulurent habiter dans les corps harmonieux de fragiles personnes et, bientôt, il en résulta tous ces petits potins de perruches, et toutes ces tendres et ignobles calomnies, ces superficiels rapports d'un trouble à la fois si grand et si fangeux que Lorrain a étudiés dans la *Petite classe*, et Peladan dans le *Gynandre*. Avec les goûts ressuscités de la décadence italienne naquit l'horreur du mâle. Des clubs s'organisèrent d'où sortirent les plus abominables et les plus dévergondées petites pécheresses qui soient. Avec cela l'accueil chaleureux qui fut fait à la littérature des bouges, toutes les pâmoisons de vile extase que valurent les caveaux montmartrois accréditèrent encore les soupçons indéfinis que l'insistance avec laquelle on s'en entretenait avait donné si bien le droit de former. Les esthètes coudoyèrent à

1896

la fois les promoteurs de l'*Œuvre* et le cabaretier Aristide
Bruant. A côté des affiches tintamaresques où le grand
Sâr promulguait les décrets de la nouvelle Rose Croix, il y
eut celles où Rodolphe Salis lança des invitations à son
théâtre de funambules. Les placards préraphaélites de chez
Le Barc de Boutteville furent ensevelis sur les murs parisiens
par les hautes affiches bariolées où Choubrac et Henri de
Toulouse-Lautrec avaient tracé si ingénument la silhouette
dégingandée de Mlle Grille d'Égout et les dessous tumul-
tueux de la Goulue.

Aux salons annuels, Jacques Blanche, La Gandara essayè-
rent-ils en vain de ramener la peinture de la femme à une
plus naturelle et plus parisienne représentation. Le mouvement était donné.

La bicyclette l'acheva.

Les mêmes femmes dont Barrès nous avait si finement
retracé l'image dans le *Jardin de Bérénice* et Anatole France
dans le *Lys Rouge*, tout éprises de l'art du xv⁰ et du xvi⁰ siècle, furent les mêmes qui, sanglées dans la flottante jaquette anglaise et coiffées de la petite capote de loutre ou
du mince chapeau de paille de garçonnets, se plurent à accu-
muler, sous leurs millions de coups de pédales, des kilomètres
et des kilomètres. Alors la déviation des sexes s'aggrava. La
cyclewoman donna raison à la gynandre et, s'il est vrai, ainsi
que Carlyle nous l'enseigne, que nous portons avec nos
costumes la philosophie de nos pensées, la femme contemporaine, le jour où elle revêtit la culotte bouffante, endossa
aussi la livrée qui devait donner naissance à tant de griefs
et à tant de reproches.

Il est évidemment malaisé de juger son temps, d'en per-
cevoir les mœurs et d'en sentir la grandeur ou la médiocrité ;
on risque toujours, en s'essayant sur ses contemporains, de
se montrer trop aisément optimiste, sinon trop sombrement
pessimiste ; il manque à notre observation le recul nécessaire

LE NOUVEAU SPORT DE LA FIN DU SIÈCLE
Mesdames les Bicyclistes (1896).

AU CABINET DES ESTAMPES
A la recherche des modes d'autrefois (1897).

pour la vue d'ensemble et nous devons nous déclarer satisfaits d'exposer en peinture descriptive la vie réelle d'un
milieu social moderne, sans prétendre faire œuvre de moraliste en glosant sur l'esprit général du tableau. Cependant, il nous paraît impossible qu'un homme jeune encore,
amoureux de la femme avec dévotion, épris d'élégance,
d'harmonie et de tonalités heureuses, ne se sente pas un
furieux tendre pour ses propres contemporaines, jusqu'à se
laisser aller à les préférer à toutes les femmes de la veille
et de l'avant-veille.

Il a pour cela d'aimables raisons, ne serait-ce que celle-ci :
qu'il connaît les unes avec tous les reliefs de la vie, qu'il les
admire en ronde bosse, qu'il les adore en nature, qu'il apprécie leurs gestes, leur démarche, leurs sourires, qu'il
découvre tous les frissons de leur chair et suit les jolis frou-
frous de leurs robes, tandis que les pauvres grand'mères
disparues, celles que nous avons rencontrées à toutes les
étapes de ce siècle, ne lui apparaissent plus que momifiées
dans l'évocation de ces gravures jaunies par le temps, qui
nous montrent des toilettes rigides où font défaut
la grâce mobile des attitudes et les expressions
irreconstituables des figures et des corps.

En résumé, la femme contemporaine,
très intellectuelle, très affinée, très apte
à saisir les moindres nuances des choses,
se sent inconsciemment emportée par la
grande activité électrique de ce temps qui
pousse l'humanité à une action sans trêve.
Le malheur pour elle est qu'en dehors
de la famille et des œuvres de charité
qu'elle soutient si souvent, la vie ne
lui offre que des buts vagues et aléa-
toires pour la dépense de ses facultés
agissantes. Elle voudrait se prodi-   1898

guer, se dévouer, lutter, elle aussi, par des combats glorieux,
et son intelligence déjà la pousse vers les sciences et les
arts; nous avons des femmes médecins, des docteurs en
droit, des femmes sculpteurs et peintres en abondance. Ce
n'est qu'un début; il y a dans les grandes villes comme Paris,
une polarisation de fluide intellectuel qui pousse tout le
monde à l'action : nos contemporaines n'y échappent pas,
et ce dont elles souffrent le plus, c'est de leur rôle passif
dans une société active.

Qui pourrait nous dire si la Parisienne contemporaine, en
son état psychique, et dans ces différents éléments, représente la fin d'une race, la dernière expression d'un état
d'être qui tend à disparaître, ou bien si on la doit considérer comme un type déjà accusé d'Évolution, comme une
créature embryonnaire, de la femme future, de celle qui
doit concourir à un radical renouveau social ?

Profonde et irritante énigme, à laquelle aucun de nous
ne saurait répondre !

DIVISION ET TABLE DES CHAPITRES DES MODES DE PARIS

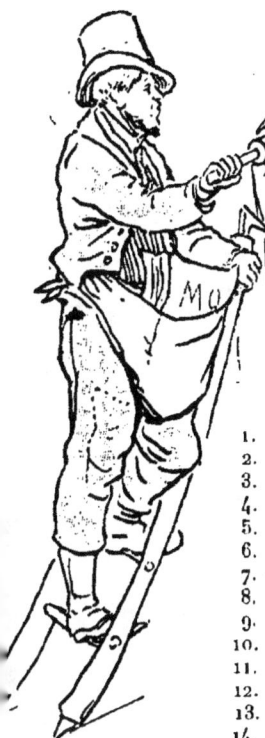

NOMENCLATURE
des
GRAVURES HORS-TEXTE

CET OUVRAGE

LES MODES DE PARIS

Dont l'illustration a été commencée en février 1896,

A ÉTÉ ACHEVÉ D'IMPRIMER

sur

les presses typographiques

DE ÉDOUARD CRÉTÉ

A CORBEIL

Ce huit octobre 1897

sous

la direction exclusive de l'auteur

OCTAVE UZANNE

www.ingramcontent.com/pod-product-compliance
Lightning Source LLC
Chambersburg PA
CBHW071636270326
41928CB00010B/1940